Yes we camp!

DAS OUTDOOR-KOCHBUCH

Mit 130 schnellen & einfachen Rezepten

Inhalt

Inhalt

Vor der Abfahrt

VOR DER REISE

- Wie lange ist die HU noch gültig?
- Ist die Gasprüfung noch gültig?
- Ist die Starterbatterie okay?
- Funktioniert die Beleuchtung?
- Ist genug Wasser (und ggf. Frostschutz) in der Scheibenwaschanlage, sind die Scheibenwischer okay?
- Passt der Kühlmittelstand?
- Habt ihr den Ersatzschlüssel dabei?

JEDES MAL BEIM LOSFAHREN

Wohnwagen und Reisemobil

- Gas abdrehen
- Schubladen, Schranktüren, Staufächer, Dachluken und Fenster schließen und verriegeln
- schwere und lose Gegenstände verstauen
- ggf. Antennen einziehen
- Schiebetüren befestigen
- Schrankinhalt: Behälter mit Flüssigkeiten gut verschließen und aufrecht stellen, klappernde Tassen, Gläser u. Ä. polstern (Küchenrolle)
- Toilettenschieber schließen
- wenn nicht fest verbaut: Abwasserbehälter leeren und sichern
- ggf. Frischwasser nachfüllen
- von den Auffahrkeilen fahren, diese nicht am Platz vergessen
- Stromkabeltrommel abkoppeln, einpacken – Adapter nicht am Stromschrank des Campingplatzes vergessen
- ggf. Kühlschrank von Gas auf Autobatterie umstellen
- Wohnwagen-/Wohnmobiltüren und Ladeklappen/Deichselkasten verschließen
- Stellplatz checken: Wurde etwas vergessen?

Nur Wohnwagen

- Licht ausschalten
- Wohnanhänger ankuppeln
- Abreißseil anlegen
- Deichselrad/Stützen hochfahren und sichern
- Pkw-Anschlusskabel verbinden
- Unterlegplatten einpacken
- Lichter kontrollieren (Blinker, Rückwärtsgang, Bremslichter, Warnblinkanlage)
- Handbremse am Wohnwagen lösen

Am Zugfahrzeug

- Reifendruck prüfen/Reifensichtkontrolle auf Beschädigungen
- Motoröl prüfen
- Scheinwerfer, Blinker und Rücklichter okay?
- bei Kfz mit Wohnwagen: Zusatzspiegel anbringen
- abnehmbare Anhängerkupplung gut einrasten
- Reichweite/Kraftstoff prüfen
- Navi vor dem Losfahren einstellen

Reiseapotheke

Hier handelt es sich lediglich um Empfehlungen aufgrund persönlicher Erfahrungen. Vor jeder Reise sollte man sich vom Hausarzt beraten lassen. Wer Allergien oder Krankheiten hat, muss geeignete Präparate mitnehmen.

Bei Erkältungskrankheiten

- Schmerzmittel und/oder Entzündungshemmer wie Aspirin, Ibuprofen
- Schleimlöser
- Tabletten/Bonbons gegen Halsschmerzen
- Nasenspray
- ggf. spezielle Mittel für Kinder

Bei Schmerzen

- Ibuprofen oder Paracetamol
- Buscopan – gegen Regelschmerzen und sonstige krampfartige Beschwerden
- Wärmepflaster für Rücken/Nacken

Durchfallerkrankungen

- Perenterol
- Elektrolyte – bei hohem Flüssigkeitsverlust
- Imodium akut (nur im Notfall einnehmen!)

Bei Reisekrankeit/Übelkeit

- Heilerdekapseln – extrem gut veträglich, stabilisieren Magen und Darm (auch für Hunde geeignet; ins Nassfutter mischen)
- Vomex A (nicht fahren, macht müde!)
- Magenbeschwerden: Iberogast, Talcid, ggf. stärkere Säureblocker
- Reisekaugummis, z. B. Superpep

Bei Verletzungen

- Heftpflaster in verschiedenen Größen
- breites Leukoplast, selbsthaftender Verband
- sterile Kompressen
- Wundantiseptikum mit dem Wirkstoff Octenisept – kann auch nah am Auge verwendet werden, brennt nicht, zur Wundspülung und -auflage geeignet, hilft auch bei Insektenstichen
- Skalpellklinge, Nadeln, Pinzette, kleine Lupe – um Stacheln, Splitter, Glasscherben o. Ä. zu entfernen

Bei Verstauchungen/Prellungen

- Schmerzgel
- Kühlkompressen

Bei Sonnenbrand/Insektenstichen

- Gel/Spray gegen Juckreiz und Schwellung
- Gel mit Hydrocortison

Sonstiges

- befeuchtende Augentropfen, Euphrasia
- Fieberthermometer
- Desinfektionsspray und -tücher, z. B. auch für Oberflächen
- Schere
- Ohrenstöpsel – zum Schutz bei starkem Wind; schützen Kinder vor Mittelohrentzündung

Hausmittel

- Fencheltee – bei Verdauungsbeschwerden
- Kamillentee – bei Erkältung oder Halsschmerzen
- Blasen- und Nierentee – bei Harnwegsinfekten
- Ingwer – er hält sich gut auf der Reise, man kann ihn als Tee zubereiten oder Wasser damit aromatisieren. Hilft z. B. bei Erkältung

Für alle Fälle (bitte den Arzt fragen)

- Breitbandantibiotikum, z. B. Cephalosporin oder Amoxicillin/Clavulansäure (etwa bei Blasenentzündung oder fieberhafter Bronchitis)

Für die Richtigkeit bzw. Verträglichkeit wird keinerlei Garantie gegeben.

Reisen mit Hund

Wer mit Vierbeinern verreist, muss die Einreisebedingungen des Ziellands und der Transitländer prüfen und sollte die Reiseapotheke mit dem Tierarzt durchsprechen. Bei Reisen in den Mittelmeerraum muss speziell auf Prophylaxe oder Schutz gegen schwere, teils durch Insekten übertragene Krankheiten wie Leishmaniose geachtet werden.

Vorbereitung

- generell: Tollwut-Impfzyklus einhalten. Wer zu spät nachimpft, muss für die Einreise in manche Länder nach der Impfung mehrere Wochen warten
- Einreisebestimmungen fürs Reiseland checken. ID-Chip ist Standard!
- Impfungen verabreichen
- EU-Heimtierausweis überprüfen (falls nicht vorhanden: ausstellen lassen)
- Tierhalterhaftpflichtversicherung überprüfen
- falls erforderlich: Grenzpapiere besorgen, Hund auf dem Campingplatz anmelden

- Prophylaxen (z. B. gegen Parasiten)
- Entwurmung 2–3 Tage vor Abreise
- falls vom Reiseland gefordert: Gesundheitszeugnis ausstellen lassen

Reisegepäck

- EU-Heimtierausweis
- Transportbox
- gewohntes Futter
- Näpfe
- Wassernapf für die Fahrt
- Leine oder Geschirr
- Halsband mit Heimat- und Urlaubsadresse sowie Handynummer

- vertraute Decken/Schlafplatz
- Handtücher, alte Bettlaken
- Spielzeug
- ggf. Leckerli, Kauknochen
- Kotbeutel (auch solche, die in der Natur verrotten: wenn man ein Malheur vom

Wanderweg wegräumen muss, sich aber weit und breit kein Mülleimer findet)

- ggf. Sonnenschutz, bei Hunden mit wenig Fell und heller Haut
- Kopie der Tierhalterhaftpflicht-versicherung
- regelmäßig einzunehmende Medikamente
- Bürste/Trimmkamm o. Ä.
- Zeckenhaken
- Krallenschere, -zange oder -feile
- Hundeshampoo
- Maulkorb (manchmal Pflicht, z. B. auf Fähren oder in Zügen)

Reiseapotheke

- Mittel gegen Insekten, Zecken, Flöhe u. a.
- Entwurmungsmittel
- Durchfallmedikament
- Kohlekompretten (bei Vergiftungen)
- ggf. Futterzellulose: stabilisiert die Verdauung
- Augentropfen/-salbe (bei eitrigem Auge: Vom Tierarzt abklären lassen, ob die Hornhaut verletzt ist!)
- Wunddesinfektion
- Mittel gegen Juckreiz/Insektenstiche
- mehrere Lagen Verbandmaterial, selbsthaftender Außenverband; Handhabung vom Tierarzt zeigen lassen
- Beruhigungsmittel (bei Bedarf)
- Schmerzmittel: für Bauchbeschwerden, für andere Schmerzen, z. B. Pfote verstaucht
- Pfotenschutz, falls sich der Hund verletzt
- 12-ml-Spritze (ohne Kanüle), um Sand aus den Augen zu spülen

Kleidung

Was man mitnimmt, hängt natürlich vom Ziel und von der Jahreszeit ab. Allgemeiner Tipp für längere Reisen: Die Kleidung sollte für Wäschetrockner geeignet sein. Nicht immer hat man Zeit und/oder Sonnenschein, um die Klamotten draußen zu trocknen. Schuhe fliegen schnell herum. Bewährt haben sich Klappboxen oder leichte Körbe aus dem Bau- oder Pflanzenmarkt, in die alle Schuhe reingeworfen werden. Außerdem: Großen robusten Sack mit Zugkordel für Schmutzwäsche mitnehmen, der später mitgewaschen werden kann.

Kleidung (Erwachsene und Kinder):

- ☐ Nachthemd/Pyjama
- ☐ Unterwäsche
- ☐ Socken/Strümpfe
- ☐ ggf. warme Unterwäsche/Leggins
- ☐ wärmere Hosen wie Jeans, Cordhosen; ggf. wasserdichte Schneehose
- ☐ luftige Hosen
- ☐ kurze Hosen
- ☐ Outdoorhosen, z. B. mit abnehmbaren Beinen

Duschen

So wenig Kleidung wie möglich in die nasse Duschzelle mitnehmen. In (enge) Hosen kommt man mit feuchten Füßen nur schwer hinein. Kurze, weite Hosen oder Kleider anziehen; manche Camper gehen auch im Bademantel. Der hat Taschen für die Duschmünzen, die man oft braucht.

Ordnung im Schrank

In den Stauboxen von Wohnmobilen und Wohnwagen geht es schnell schon mal ziemlich chaotisch zu.

- **Tipp:** Wäsche in Kategorien in weiche Boxen oder Netze packen, z. B. alle Socken und Strümpfe in einen Behälter.

- [ ] T-Shirts
- [ ] Hemden
- [ ] Pullover/Strickjacken
- [ ] Fleecejacke oder Primaloft-Jacke
- [ ] Softshell- und/oder Windjacke
- [ ] Regenjacke/-mantel und -hose
- [ ] Mütze, Handschuhe, Schal
- [ ] Tücher (Hals, Kopf, Sonne, Wind)
- [ ] Hüte/Kappen: Sonne, Regen
- [ ] ggf. mückendichte Kleidung
- [ ] Badesachen
- [ ] Sonnenbrille

Schuhe:

- [ ] Badelatschen (zum Duschen)
- [ ] Badeschuhe (Neopren, für Felsstrände)
- [ ] Sandalen, offene Schuhe (strandtauglich, wandertauglich)
- [ ] Wander-/Trekkingschuhe
- [ ] Sneakers
- [ ] ggf. Gummistiefel
- [ ] ggf. Clogs oder geschlossene Gummischuhe zum Reinschlüpfen – für den Gang zur Toilette über regennasse Wiesen

Praktisches

Dinge, an die man nicht denkt bzw. die man vielleicht nicht unbedingt braucht, die aber ungemein praktisch sind.

PRAKTISCHE GEGENSTÄNDE

Orientierung/Technik

- der gute alte Straßenatlas oder eine Übersichtsfaltkarte des Reiselands: hilft bei der groben Routenplanung und wenn das Navi mal ausfällt oder falsch liegt
- wasserdichte Hülle für Smartphones
- USB-Akku, z. B. vom Hersteller Anker. Je nach Gewicht und Preis kann man sein Telefon oder Tablet mehrmals aufladen. Gibt's auch in superleichter Ausführung, wasser- und stoßfest mit USB- und Mikro-USB-Anschluss zum Aufladen mit extra Solarpanel, z. B. von Goal Zero
- USB-Stecker für Zigarettenanzünder (z. B. zum Handy-Aufladen während der Fahrt)

Haushalt/Ordnung

- Einmalhandschuhe (braucht man immer! Beim Tanken, zum Ausleeren der Campingtoilette, Müllwegbringen …)
- Kühlbox mit Anschluss für Zigarettenanzünder
- Antirutschmatten – für die Schränke und Schubladen im Camper. Damit nicht alles hin und her rutscht
- schnell trocknende Handtücher, die kann man auch gut unterwegs waschen
- Werkzeugboxen aus dem Baumarkt für Kleinkram, der nicht lose herumfliegen soll (z. B. Medikamente): billig, durchsichtiger Deckel, robust, viele Größen
- Foldback-Klammern, Karabinerhaken und Saughaken (vielseitig einsetzbar, z. B. zum Aufbewahren, Befestigen …)

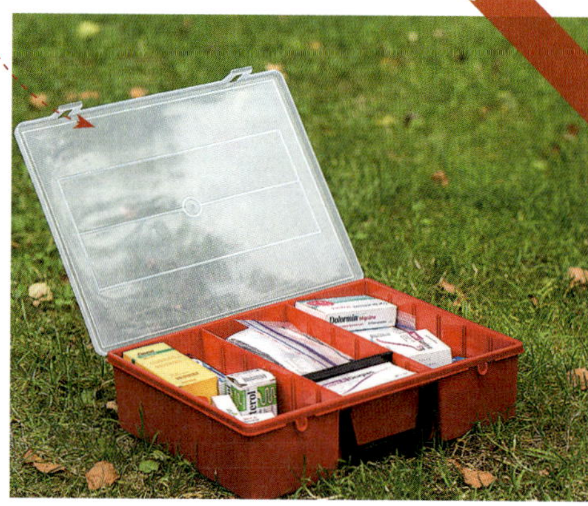

- nie mehr mit der Gummiwäscheleine mit Drahtkern kämpfen: dehnbare Wäscheleine mit praktischen Haken an den Enden, z. B. von Coghlans
- Kaffeezubereitung: Espressokanne, »French Press« oder gleich löslicher Kaffee? Unser Tipp: Die Kaffeemaschine »AeroPress« ist kleiner und leichter als eine Expressokanne, und der Kaffee schmeckt sehr gut.

- Pürierstab mitnehmen. Nimmt nich viel Platz weg, aber vergrößert die Möglichkeiten der Campingküche ungemein.

Für Fahrzeugmieter

Merkzettel, wie hoch, lang und breit das Fahrzeug ist (nützlich bei Fähren, aber besonders bei Unterführungen, kleinen Brücken, Einfahrten etc.)

Spaß/Sonstiges

- aufblasbarer Liegesack zum gemütlich Hineinlümmeln – von mehreren Anbietern, z. B. Fatboy
- Outdoordusche (dunkler Wassersack mit Duschkopf): für warme Gegenden – super nach einem Sprung ins salzige Meerwasser oder wenn man mal nicht an einem Campingplatz übernachten will. Gibt's in verschiedenen Größen und Preisklassen.
- Solarbeleuchtung, nicht möglichst hell, sondern möglichst schön: in verschiedenen Designs (Einmachglas, alte Petroleumlaterne) und aus Plastik oder Glas erhältlich
- 3-x-5-m-Plane aus dem Baumarkt oder beim Campingfachmarkt – für verschiedene Zwecke: als Windfang, Sonnen- oder Regendach, zum Draufliegen im feuchten Gras
- Hängematte, Luftmatratze, Schlauchboot
- Outdoor-Spiele, z. B. Badminton, Tischtennis, Frisbee, Volley-/Fußball, Kubb, Boule

- Sonnenschutz fürs Zelt: Rettungsfolie drüberlegen (aber nicht die aus dem Verbandskasten, sondern extra kaufen! Apotheke, ca. 2–3 Euro)
- TK-Gemüse kann die Kühltasche/-akkus ersetzen und später gegessen werden.
- verknitterte Kleidung mit in die Dusche nehmen und dort aufhängen – die hohe Luftfeuchtigkeit »entfaltet« sie wie von selbst
- Duschgelflaschen aus dem Reiseshop mittels Karabiner und Kabelbinder an einem Schlüsselband befestigen – praktisch, wenn keine Ablage für Seife & Co. vorhanden ist

Praktisch: elastische Wäscheleine

Zweckentfremdungen

- statt einer Wärm- eine Plastikflasche mit warmem Wasser befüllen, auch toll zum Anwärmen des Schlafsacks; Vorsicht: Zu heißes Wasser lässt das Plastik schmelzen!
- Picknickdecke im Zelt unter die Isomatten legen: diese isoliert und füllt meist den ganzen Boden aus, außerdem: Die Isomatten rutschen nicht herum.
- dünne Isomatte, am besten zum Falten, etwa 1 cm dick: kostet nur ein paar Euro und lässt sich mit einer normalen Haushaltsschere zerschneiden. Wenn irgendwas im Wohnmobil klappert, kann man es mit passenden Stücken fixieren oder polstern!
- Teppichunterleger: Transportboxen für Hunde sind innen oft sehr glatt. Decken rutschen herum, der Hund fühlt sich unwohl. Teppichunterleger ganz unten in die Box legen, dann ein passgenaues Stück Isomatte, die Decke drauf, und alles bleibt am Platz

Clever: Schlüsselband mit Shampoo- und Duschgelflaschen

Gut zu wissen

- Feuer machen bei jedem Wetter: geht einfach mit einem Feuerstarter (z. B. Light My Fire), der unempfindlich gegen Feuchtigkeit und Nässe ist und sich sehr schnell entzündet, da das Magnesium im Zündstein extrem hohe Temperaturen erreicht
- Palstek-Knoten: der Allrounder unter den Knoten und nicht nur bei Seefahrern und Pfadfindern beliebt (bei Letzteren heißt er Schertauknoten) . Er hält (fast) jeder Belastung stand und lässt sich trotzdem leicht lösen (z. B. nützlich beim Fahrzeugabschleppen): ***knotentraining.de/sites-knoten/palstek.html***

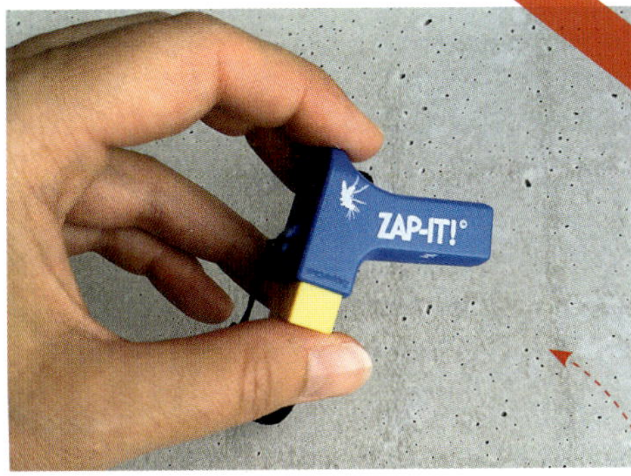

Ein Klick, und der Juckreiz ist weg: »Zap-it« sendet Mini-Stromschläge auf den Mückenstich.

- Mückenstiche: Den Juckreiz lindern ohne Salbe kann »Zap-it«, ein kleines Gerät, das Mini-Stromschläge (tun nicht weh) aussendet und so verhindert, dass sich das Histamin weiter verbreitet. Alternatives Naturheilmittel: Spitzwegerichblätter zerreiben und über den Stich streichen

- Lautsprecher selbst bauen: Ist die auf dem Handy abgespielte Musik zu leise? Wenn man das Gerät in einen Becher stellt, verstärkt sich der Schall. Noch besser: Aussparung in eine leere Küchenpapier- oder Toilettenpapierrolle schneiden und das Handy hineinstellen. Passende Löcher in zwei Plastikbecher schneiden und über die Enden der Rolle stülpen. Das ergibt mehr Klangvolumen und damit eine höhere Lautstärke.

Zuverlässig bei jedem Wetter: Feuerstarter

Apps & Websites

Camping boomt – es werden immer neue Apps und Websites entwickelt, Foren und Blogs gegründet und Community-Verzeichnisse befüllt. Eine App, die heute 100 Plätze listet, kann nächstes Jahr schon 1000 verzeichnen. Hier einige Beispiele:

Vermieter

- www.paulcamper.de und www.shareacamper.de: vermitteln private Fahrzeuge
- www.campanda.de: vermittelt Fahrzeuge kommerzieller sowie privater Anbieter
- indiecampers.com: vermietet sechs Typen von bunt gestylten Kastenwägen in 13 europäischen Ländern (März 2018). Clou: Abhol- und Rückgabeort sind frei wählbar.
- www.dog-camper.de, waumobil.de: Wie der Name schon sagt: Fahrzeuge für Hundebesitzer mit diversen hundespezifischen Extras
- Vermieter wie www.camperboys.de (März 2018: zwei Standorte in D) und www.roadsurfer.com (März 2018: neun Standorte in D) scheinen gerade an jeder Ecke zu entstehen. Sie vermieten kleine Flotten mit oft individuell gestylten oder eingerichteten Fahrzeugen.
- www.camperdays.de: Spezialist u.a. für Vermietung in den USA, Kanada, Australien und Neuseeland
- www.rentandtravel.de: sehr engagiertes Vermietunternehmen von Knaus Tabbert mit über 100 Übergabestationen in Deutschland
- www.adac.de/autovermietung: über 2000 Fahrzeuge in Deutschland, 85 Stationen; arbeitet weltweit mit camperboerse.de zusammen, die wiederum Fahrzeuge von mehreren Dutzend Vermietern vermittelt

Campingplätze

- pin camp (App und Website – pincamp.de – des ADAC): zeigt europaweit Tausende Camping- und Stellplätze an, ähnliche Dienste leisten ACSI (App und Website), ECC Campingführer (nur Website) und 3in1campen (vom Deutschen Camping-Club, App und Website)
- Camping.info (App und Website): eine große Community, bei der jeder mitkommentiert, bewertet, Fotos hochlädt. Dazu gehören auch Stellplatz.info und Glamping.info. Die harten Fakten werden von den Campingplätzen selbst geliefert, die Bewertung wird aber durch die User vorgenommen. Ganz ähnlich: Campercontact (nur Wohnmobilstellplätze, App und Website), womo-stellplatz.eu (App und Website), Promobil (nur Wohnmobilstellplätze, Website, die App heißt Promobil Stellplatz-Radar)
- Camparound (nur App): viele Campingplätze in Europa, teilweise 360-Grad-Ansichten, auch Freizeittipps in der jeweiligen Umgebung. Etliche sind direkt buchbar
- Max Camping ist ein Buchungsportal und offizieller Partner des Bundesverbands der Campingwirtschaft in Deutschland (BVCD)

Navigation, Karten, Streckenplanung

Navigationsgerät oder App? Hier gibt es einiges an Auswahl, vor allem unter den Geräten (TomTom, Garmin) wenden sich etliche speziell an (Lkw und/oder) Camper. Wer sich auf Apps beschränken möchte, hier eine Mini-Auswahl:

- Google Maps – der Klassiker
- Sygic Truck GPS Navigation: bietet verschiedene Varianten für unterschiedlich große Gefährte
- Komoot: Kartenmaterial für Touren und Ausflüge, Routen, auch Sammlungen wie »Die schönsten XY Campingplätze«
- Here WeGo, Maps Me, City Maps 2Go: offline Navigation weltweit, Kartenmaterial zum Download, kostenlos
- Mit ViaMichelin und maps.adac.de kann man Strecken planen und sich die Mautkosten errechnen lassen.

Wetter

- WeatherPro: Vorhersage weltweit, bis zu sieben Tage im Voraus, umfangreiche Daten zu Temperatur, Wind, Regen und mehr, weltweite Unwetterwarnungen für bis zu drei Tage im Voraus
- App von WetterOnline: stündliche Prognosen, 14-Tage-Wetter, Regenradar, Unwetterwarnungen, Pollenfluginformationen, Schneehöhen
- yr.no: norwegischer Wetterdienst, weltweite Informationen, u. a. Höhe der Wolkendecke; gilt unter Outdoorern als sehr zuverlässig
- www.niederschlagsradar.de: sehr praktisch für Camper: die Niederschlagsprognose Europa auf dem Satellitenbild für bis zu 144 Stunden

Sonstige

- PeakFinder: zeigt in den Bergen die Namen der umgebenden Gipfel an (weltweit, auch offline, nur iOs); PeakLens – tut das gleiche (nur online, für Android)
- Sterne schauen: Die Star Walk 2-App bestimmt Sterne, funktioniert auch tagsüber und bei Wolken.
- NABU-Vogelführer: Im Urlaub hat man plötzlich Muße für die Tierwelt. Wie heißen nur all die Piepmätze? Diese App verrät's.

Do's & Dont's

GUT ZU WISSEN

Reservierung:

Ist gerade Ferienzeit oder die Zielregion sehr gefragt? Dann besser reservieren. Mittlerweile funktioniert das häufig auch online – beim Platz direkt oder auf einer Buchungswebsite wie campsy.de oder maxcamping.de.

Ankunft:

Bei der Anmeldung an der Rezeption muss man seinen Personalausweis vorzeigen, der auf manchen Plätzen bis zur Abreise hinterlegt wird. Die Karte »Camping Key Europe« wird oft wie ein Ausweis anerkannt.

Rabatte:

Sie werden in der Regel nur in der Nebensaison gewährt. Neben Camping Key Europe (gibt's beim ADAC oder unter www.campingkeyeurope.com) versprechen auch die Karten der ADAC Campingführer und des ACSI-Verbands solche Vorteile. Wie viel Rabatt gegeben wird, entscheidet jeder Platzbetreiber individuell. Im Stellplatzführer »Landvergnügen« sind mehrere Hundert private Stellplätze im ländlichen Raum in Deutschland verzeichnet, auf denen man kostenlos übernachten kann, z. B. bei Bauernhöfen, Weingütern und anderen Erzeugern. Ein kleiner Verzehr oder Einkauf ist keine Pflicht, aber eine faire Geste.

Übernachtungskosten:

Diese sind sehr unterschiedlich. Abgerechnet wird pro Nacht, z. B. aufgedröselt nach Fahrzeug oder Zelt, Erwachsenen, Kindern und Haustieren. Kosten für Strom, Warmwasser und Internet kommen meistens obendrauf.

Strom:

Auf manchen Plätzen wird der tatsächliche Verbrauch abgerechnet, andere bieten einen Pauschalpreis. Achtung: Den richtigen Campingstromadapter für das Reiseziel mitnehmen!

Wasser:

An Campingplätzen und oft auch an Stellplätzen kann Frischwasser gezapft werden. Warmes Wasser gibt es in den Sanitäranlagen und normalerweise an den Geschirrspülbecken. Oftmals braucht man Duschmünzen (gibt's an der Rezeption) oder muss Geld einwerfen.

Sanitäranlagen:

Anzahl, Ausstattung und Sauberkeit hängen immer vom einzelnen Campingplatzbetreiber ab. Vom simplen Kaltwasserhahn bis zum schick gestalteten Badetempel gibt es praktisch alles.

Küche und Geschirrspülbecken:

Auch hier existiert eine große Bandbreite – von komplett ausgestatteten Küchen bis zur Outdoor-Spülgelegenheit in einer Blechrinne.

Waschmaschinen und Trockner:

Eine Waschküche gehört mittlerweile fast überall zur Standardausstattung der Campingplätze.

Entsorgung:

- Wasser aus Küche und Bad – das »Grauwasser«: Es kann an der Entsorgungsstation des Platzes abgelassen werden. Mobile Tanks können in den Sanitäranlagen geleert werden.
- Chemietoiletten: Dürfen auf keinen Fall woanders als in den speziell vorgesehenen Anlagen entleert werden, auch nicht in Toiletten! Wer unsicher ist, fragt lieber den Campingplatzbetreiber.

Haustiere:

Sind auf vielen Plätzen erlaubt – trotzdem vor Anreise immer vergewissern. Hunde müssen angeleint sein, Kot muss weggeräumt werden.

Ruhezeiten:

Auf manchen Campingplätzen müssen zu bestimmten Zeiten – meist um die Mittagszeit herum und abends – alle Fahrzeuge still stehen. Wer später kommt, muss draußen parken.

Internet:

WLAN wird mehr und mehr zum Standard. Wer gar nicht offline sein kann, erkundigt sich am besten vor der Anreise.

Kleiner Knigge

Rauchzeichen
Eine der Lieblingsbeschäftigungen von Campern ist das Grillen. Doch ob Holzkohle- (oft gar nicht mehr erlaubt) oder Gasgrill: Bitte darauf achten, dass kein Qualm oder Bratgeruch beim Nachbarn in die offenen Fenster zieht.

Spülbecken zweckentfremden
Geschirr wird im Geschirrspülbecken gereinigt, Wäsche in einem anderen Becken. Keinesfalls zweckenfremden! Hoher Ekelfaktor.

Hallo!
Camper grüßen sich und duzen sich. Wer möglichst wenig Kontakt zu seinen Mitmenschen möchte, sollte besser eine andere Urlaubsart wählen.

Hundepipi
Da der Hund an der Leine geführt wird, sieht man ja, wo der Vierbeiner hinpinkelt. Da gibt es keine Ausreden. Also, einen Bogen um Zelte und Fahrzeuge machen, und auch an Sanitär- und anderen Gebäuden ist eine Lache nicht schön. Am Spielplatz ein absolutes No-Go. Wenn ein Missgeschick passiert: Einfach entschuldigen und sauber machen.

Bereiche nicht respektieren
Auf Campingplätzen mit Parzellen ist es üblich, nicht gedankenlos über das »Grundstück« der Nachbarn zu laufen.

Klugscheißer
Jemand kämpft sichtlich mit dem Einparken, dem Stromanschluss oder dem Vorzelt? Jetzt sind auch witzig gemeinte Kommentare fehl am Platz. Einfach mit anpacken!

Gerüche vermeiden
Gerade wenn es heiß ist, fängt die Chemietoilette schnell an zu riechen. Lieber einmal öfter ausleeren, als die Mitcamper mit dem Odeur zu »beglücken«.

Lärm
Campingmobile sind hellhörig. Plärrende Fernseher oder Musikanlagen, knallende Türen und auch laute Gespräche sind besser zu hören, als man manchmal denkt. Zumindest nachts sollte man versuchen, sich leise zu verhalten.

Wer braucht Sanitäranlagen?
Kurz am Platz die Zähne putzen – kein Thema. Alle anderen Reinigungsvorgänge will man beim Frühstück wirklich nicht sehen!

Frühstück & Snacks

4 x simple Müsli-Variationen …

Trauben-Nuss-Oats

Für 2 Portionen

Am Vortag je 2 EL **Müsli-Mischung** (z. B. 5-Korn-Müsli) in zwei Schraubgläser (ca. 400 ml) füllen. 250 g **Quark** (20 % Fett i. Tr.), 50 ml **Wasser** und 1 EL **Honig** verrühren. Mit Honig bis zum gewünschten Süßungsgrad nachsüßen. Die Quarkcreme auf der Müsli-Mischung verteilen. 25 g **Sahne** erhitzen und mit 30 g **Nuss-Nugat-Creme** glatt verrühren. Die Sauce mit 1 Prise **Salz** abschmecken und über den Quark träufeln. 60 g **kernlose Weintrauben** waschen und von den Stielen zupfen. Mit 20 g **Cashewkernen** mischen und auf die Gläser verteilen. Die Gläser verschließen und über Nacht kalt stellen. Am nächsten Morgen die Trauben-Nuss-Oats sofort genießen oder die Gläser mit zum Ausflug nehmen.

Buchweizen-Porridge

Für 2 Portionen

In einen Topf 150 ml **Wasser** und 300 ml **Milch** füllen, dann 60 g **blütenzarte Haferflocken,** 20 g **Buchweizenschrot,** 1 Pck. **Bourbon-Vanillezucker,** 1 Prise **Zimtpulver** und ½ Prise **Salz** hinzufügen. Alles zum Kochen bringen und bei mittlerer Hitze in 5–7 Min. dicklich einkochen lassen, dabei ab und zu umrühren. Porridge auf zwei Schälchen verteilen und mit je 2 TL **Honig** beträufeln. ½ **Banane** schälen und in dünne Scheiben schneiden, 60 g **Himbeeren** waschen und trocken tupfen. Nach Belieben 1 EL **Haselnusskrokant** über den Porridge streuen, dann die Bananenscheiben und die Himbeeren darauf verteilen. Noch warm genießen.

…, die bereits am Vortag oder gleich morgens minutenschnell zubereitet sind und richtig Power für anstrengende Tage geben.

Energiekugeln

Für 12 Stück

In einer Pfanne 2 TL **Öl** erhitzen. 50 g **kernige Haferflocken** darin anrösten. 20 g **Zucker** hinzufügen und unter Rühren karamellisieren lassen. Die Haferflocken aus der Pfanne nehmen und auskühlen lassen. 50 g **Zartbitterschokolade** in Stücke brechen und mit 60 g **Bananenchips,** 40 g **Kokosraspeln** und 30 g **Datteln** (ohne Stein) im Blitzhacker fein zerkleinern. Die Haferflocken und 2 EL **Apfelmark (mit Mango)** dazugeben und alles nochmals kurz durchmixen, bis eine gut formbare Masse entsteht, dafür eventuell noch 1 EL **Apfelmark** dazugeben. Aus der Masse 12 Kugeln formen und in 20 g **Kokosraspeln** rollen. Über Nacht fest werden lassen. Die Energiekugeln sind in einer luftdicht verschließbaren Keksdose ca. 1 Woche haltbar.

Smoothie-Bowl

Für 2 Portionen

1 **Banane** schälen und in dicke Scheiben schneiden. Mit 200 g **Joghurt,** 200 ml **gelbem Frucht-Smoothie** (z. B. Mango-Maracuja), 100 g **Frühstücksbrei** und ½ EL **Zitronensaft** in eine Rührschüssel geben und mit dem Pürierstab fein pürieren. Die Smoothie-Mischung auf zwei Schälchen verteilen. 1 EL **Mandelblättchen** in einer Pfanne hellbraun anrösten und sofort herausnehmen. 60 g **Heidelbeeren** waschen und trocken tupfen. Beides mit 2 EL **Quinoa-Pops,** 2 EL **Kokoschips** und 1 TL **Chia-Samen** über die Smoothie-Bowls streuen.

4 x formidable Sandwiches …

Putenbrustbrote mit Pesto

Für 2 Portionen

1 **Tomate** waschen und in dünne Scheiben schneiden, dabei die Stielansätze entfernen. ½ **Römersalatherz** zerpflücken, Blätter waschen und trocken schleudern. 25 g **Salatmayonnaise** und 25 g **Pesto alla genovese** (aus dem Glas) verrühren. 2 Scheiben **weiches, nicht zu kompaktes Mehrkornbrot** (etwa Toastbrotgröße) mit 30 g **Frischkäse (mit Joghurt)** bestreichen und mit je 2 Salatblättern belegen. 50 g **Putenbrustschinken** (4 Scheiben) darauflegen und mit der Hälfte der Pesto-Mayonnaise bestreichen, dann die Tomatenscheiben darauflegen. 2 weitere Scheiben **Mehrkornbrot** mit der restlichen Pesto-Mayonnaise bestreichen und die Brote damit abdecken. Gleich essen oder für den Transport einpacken.

Frischkäse-Lachs-Bagel

Für 2 Portionen

2 **Bagel** aufschneiden und alle Hälften mit 600 g **Frischkäse (mit Joghurt)** bestreichen, dann die unteren Hälften zusätzlich mit 2 EL **Senf-Dill-Sauce** (Fertigprodukt) bestreichen. ½ Handvoll **Salat-Mix** (mit Rucola) waschen, trocken schleudern und auf der Sauce verteilen, mit 75 g **Räucherlachs** (in Scheiben) belegen. 50 g **Salatgurke** waschen, in dünne Scheiben schneiden und auf dem Räucherlachs verteilen. Die oberen Bagelhälften darauflegen. Gleich essen oder für den Transport einpacken.

…, die beim Campingurlaub ein wunderbares Frühstück abgeben, aber auch in jeder Frühstücks- oder Lunchbox gern gesehen sind oder als herzhaftes Highlight beim gemütlichen Wochenendbrunch glänzen.

Schinken- & Käsestullen

Für 2 Portionen

1 kleinen **Apfel** (z. B. Braeburn) waschen, entkernen, in Spalten schneiden und mit ½ EL **Zitronensaft** beträufeln. 4 Scheiben **Brot** mit 30 g **(Kräuter-)Butter** bestreichen. Die **Kresse** von ½ Beet abschneiden und auf den Brotscheiben verteilen, die Scheiben quer halbieren. Eine Kresse-Brotscheibe mit 40 g **Schnittkäse** (ca. 2 Scheiben, z. B. Butterkäse, Gouda oder Bergkäse) belegen, eine weitere Brotscheibe mit 50 g **Lachsschinken** (ca. 4 Scheiben). Den Käse mit 2 TL **süßem Senf** bestreichen. In einer Pfanne 1 EL **Kürbiskerne** anrösten, auf dem Schinken verteilen. Die belegten Brote mit den übrigen Kresse-Brotscheiben abdecken. Die Apfelspalten dazu reichen. Gleich essen oder für den Transport einpacken.

Avocado-Eier-Schnitten

Für 2 Portionen

2 **Eier** (M) in 6–7 Min. wachsweich kochen und in kaltem Wasser abkühlen lassen, dann schälen und in dünne Scheiben schneiden. ½ **Avocado** (Hass) schälen und ebenfalls in Scheiben schneiden. Mit ½ EL **Zitronensaft** beträufeln, salzen, pfeffern. 5 **Radieschen** putzen, waschen, in dünne Scheiben schneiden. 2 Scheiben weiches, nicht zu kompaktes **Mehrkornbrot** (etwa Toastbrotgröße) mit 25 g **Frischkäse** bestreichen. ½ Handvoll **Salat-Mix** waschen, trocken schleudern, auf den Brotscheiben verteilen. Radieschen, Avocado und Eier daraufschichten. 2 weitere Scheiben **Mehrkornbrot** mit 1 EL **Salatmayonnaise** bestreichen und die Brote damit abdecken. Gleich essen oder für den Transport einpacken.

Rührei mit Schinken

2 Portionen • Zubereitungszeit 15 Min.

Zutaten

2 Frühlingszwiebeln
80 g gekochter Schinken (4 Scheiben)
7 Eier (M)
1 EL Öl
Salz
30 g Kräuterbutter
Pfeffer

1 Die Frühlingszwiebeln putzen, waschen und in feine Ringe schneiden. Den Schinken in kurze Streifen schneiden. Die Eier in eine Schüssel geben und verquirlen.

2 Das Öl in einer großen Pfanne erhitzen. Darin die Frühlingszwiebeln und den Schinken 2–3 Min. andünsten. Mit Salz würzen.

3 Die Kräuterbutter in die Pfanne geben und bei mittlerer Hitze schmelzen lassen. Die Eier dazugießen und die Unterseite leicht stocken lassen. Dann den Pfannenwender zwei- bis dreimal durch die Pfanne schieben, bis das Rührei komplett gestockt, aber noch schön feucht und saftig ist. Mit Salz und Pfeffer würzen.

Tipp:

Anstatt Rührei auch einmal ein Omelett zubereiten. Dafür die Frühlingszwiebeln und den Schinken andünsten, die Eier dazugießen und in der Pfanne ohne Rühren stocken lassen. Das Omelett wenden und auch die andere Seite fest werden lassen. Anschließend vierteln, auf Teller verteilen und servieren.

Caprese mit Ei & Parmesan

2 Portionen • Zubereitungszeit 25 Min.

Zutaten

3 Eier (M)
1 EL Honigsenf
½ EL Aceto balsamico bianco
1 EL Olivenöl
Salz | Pfeffer
2 Tomaten
2 Stängel Basilikum
1 EL Pinienkerne
15 g Parmesan (am Stück)

1 Die Eier je nach Wunsch in 6–7 Min. wachsweich oder in 8–10 Min. hart kochen. Dann abgießen und in kaltem Wasser auskühlen lassen, anschließend schälen und der Länge nach in dünne Scheiben schneiden.

2 Inzwischen für das Dressing Senf, Essig und Öl verrühren, mit Salz und Pfeffer würzen. Die Tomaten waschen und in dünne Scheiben schneiden, dabei die Stielansätze entfernen. Die Basilikumblätter von den Stängeln zupfen. Die Pinienkerne in einer Pfanne hellbraun anrösten und sofort wieder herausnehmen.

3 Ei- und Tomatenscheiben abwechselnd dachziegelartig auf einer großen Platte oder auf zwei Tellern auslegen. Mit Salz und Pfeffer würzen und mit dem Dressing beträufeln. Die Basilikumblätter und die Pinienkerne darüberstreuen. Den Parmesan mit dem Sparschäler in Späne hobeln und über der Caprese verteilen. Dazu passen Brötchen oder knuspriger Toast.

Tipp:

Auch sehr lecker: Das Honigsenf-Dressing nach Belieben durch helle oder dunkle Balsamico-Creme ersetzen.

Pita mit Shrimpscocktail

2 Portionen • Zubereitungszeit 15 Min.

Zutaten

200 g geschälte Shrimps (wenn TK-Ware, vorher auftauen lassen)
1 Avocado
2 EL Mayonnaise
2 EL Naturjoghurt
2 EL Ketchup
1 EL Zitronensaft
1 EL Cognac (nach Belieben)
Salz
Cayennepfeffer
2 kleine Pita-Fladenbrote

1 Die (aufgetauten) Shrimps in einem Sieb kurz abbrausen und gut abtropfen lassen. Dann auf Küchenpapier geben und trocken tupfen.

2 Die Avocado längs rundherum bis zum Kern einschneiden. Die beiden Hälften gegeneinanderdrehen und auf diese Weise auseinanderlösen, den Kern entfernen. Das Fruchtfleisch schälen und in kleine Würfel schneiden.

3 Die Mayonnaise mit Joghurt, Ketchup, Zitronensaft und eventuell Cognac verrühren. Mit Salz und Cayennepfeffer würzen. Die Shrimps und die Avocadowürfel zum Mayonnaise-Dressing geben, alles gut vermischen. Den Cocktail mit Salz und Cayennepfeffer abschmecken.

4 Die Pita-Fladen so zusammendrücken, dass sich die Einschnitte öffnen, und den Shrimpscocktail in die Brote füllen. Leicht andrücken und gleich servieren.

Tipp:

Auch schön als Party-Food! Dafür – je nach Anzahl der Gäste – die Zutatenmengen mal drei oder vier nehmen. Den Shrimpscocktail zubereiten und bis zum Servieren im Kühlschrank abgedeckt aufbewahren. Die Pita-Brote in einen Brotkorb geben und den Cocktail in einer Schüssel samt einem Löffel dazustellen. Jetzt kann sich jeder sein Pita-Sandwich ganz frisch selber füllen.

4 × schneller Brotaufstrich …

mit Avocado

Für 1 Glas (etwa 200 ml Inhalt)

1 vollreife **Avocado** längs rundherum bis zum Kern einschneiden. Beide Hälften gegeneinanderdrehen und auseinanderlösen, den Kern entfernen. Das Fruchtfleisch schälen und grob würfeln. Die Avocadowürfel mit 2 EL **Orangensaft** und 1 EL **Mango-Chutney** (aus dem Glas) in einem hohen Rührbecher mit einem Pürierstab fein pürieren. Die Creme mit **Cayennepfeffer** und **Salz** abschmecken, in ein Schraubglas füllen. Am besten am selben Tag verbrauchen.

Passt gut dazu: Baguette, Ciabatta-Brot oder Vollkornbrot.

mit Schafskäse

Für 1 Glas (etwa 200 ml Inhalt)

200 g **Schafskäse** (Feta) grob würfeln. 2 **Frühlingszwiebeln** waschen, putzen und in Ringe schneiden. Beides mit 1 EL Olivenöl, 1–2 EL **saurer Sahne** und 1 TL **Ahornsirup** oder Honig in einem hohen Rührbecher mit einem Pürierstab fein pürieren. Die Creme mit **Pfeffer** und **Salz** abschmecken. In ein Schraubglas füllen und im Kühlschrank aufbewahren (hält sich mindestens 1–2 Tage).

Passt gut dazu: Pita-Brot, dunkles Vollkornbrot oder Sesamfladen.

... für jede Gelegenheit – von Frühstück bis Abendessen, von Snack-Box bis Picknickkorb. Am besten zusammen mit einem gut ausgestatteten Brotkorb auf den Tisch stellen oder in die Box packen.

mit Räucherfisch

Für 1 Glas (etwa 200 ml Inhalt)

2 geräucherte **Forellenfilets** (etwa 125 g) fein würfeln. 2 **Frühlingszwiebeln** waschen, putzen, in feine Ringe schneiden. Beides mit 1 TL **Meerrettich** (aus dem Glas), 1 EL **Mango-Chutney** (aus dem Glas), 2 EL **Mayonnaise** und 1–2 TL **Limettensaft** in einem hohen Rührbecher mit einem Pürierstab fein pürieren. Die Creme mit **Cayennepfeffer** und **Salz** abschmecken. In ein Schraubglas füllen, im Kühlschrank aufbewahren (hält sich mindestens 1–2 Tage).

Passt gut dazu: Baguette, knusprig gerösteter Toast oder Pumpernickel-Taler.

mit getrockneten Tomaten

Für 1 Glas (etwa 200 ml Inhalt)

50 g **getrocknete Tomaten** (in Öl, aus dem Glas) und 2 **Sardellenfilets** (in Öl, aus dem Glas) sehr fein würfeln. Beides mit 2 EL **Frischkäse**, 2 EL **Balsamico-Creme** oder 1 EL Aceto balsamico, 2 EL **Orangensaft** und 1 EL **Olivenöl** in einem hohen Rührbecher mit einem Pürierstab fein pürieren. Mit **Salz** und **Pfeffer** abschmecken. In ein Schraubglas füllen und im Kühlschrank aufbewahren (hält sich mindestens 3–4 Tage).

Passt gut dazu: getoastetes Sandwichbrot, Baguette oder Roggenbrot.

4 × schnelle Tramezzini …

mit Eiersalat

Für 2 Portionen

2 **Eier** (M) in 8–10 Min. hart kochen und auskühlen lassen. Dann schälen und fein hacken. 1 **Frühlingszwiebel** waschen, putzen und fein schneiden. 1 EL **Kapern** ebenfalls fein hacken. **Frühlingszwiebeln**, Kapern und Eier in einer Schüssel mit 2 EL **Mayonnaise** und 1–2 TL **Aceto balsamico bianco** vermischen, mit **Salz** und **Pfeffer** kräftig abschmecken. 2 **Toastscheiben** mit dem Eiersalat bestreichen, mit je 1–2 EL **Gartenkresse** (vom Kästchen) bestreuen. Je 1 **Toastscheibe** darauflegen, leicht andrücken und die Tramezzini diagonal halbieren.

mit Gurke und Paprika

Für 2 Portionen

1 **Knoblauchzehe** schälen und fein hacken. Mit 4 EL **Frischkäse** und 1–2 TL **Aceto balsamico bianco** vermischen, mit **Salz** und **Pfeffer** abschmecken. ½ **Mini-Salatgurke** waschen und quer in feine Scheiben hobeln. 1 geröstete, gehäutete **Paprika** (aus dem Glas) abtropfen lassen und längs vierteln. 2 **Toastscheiben** mit dem Knoblauchfrischkäse bestreichen, mit den Paprikavierteln und den Gurkenscheiben belegen. Je 1 **Toastscheibe** darauflegen, leicht andrücken und die Tramezzini diagonal halbieren.

… für die Italo-Brotzeit – auch zum Mitnehmen. Pro Rezept 4 Scheiben Vollkorn-Sandwichtoast „befüllen“ (noch besser: 2 Scheiben Tramezzini-Brot) und dann zum Durchziehen straff in Klarsichtfolie wickeln.

mit Thunfischcreme

Für 2 Portionen

100 g **Thunfisch** (in Öl, aus der Dose), 2 EL **Mayonnaise**, 1–2 TL **Zitronensaft** und 1 EL **Dijon-Senf** in einem hohen Rührbecher mit einem Pürierstab fein pürieren. Mit **Salz** und **Cayennepfeffer** abschmecken. 2 hart gekochte **Eier** (M) schälen und quer in dünne Scheiben schneiden. 2 **Toastscheiben** mit Thunfischcreme bestreichen und mit den Eierscheiben belegen. Je 1 **Toastscheibe** darauflegen, leicht andrücken und die Tramezzini diagonal halbieren.

mit Räucherlachs

Für 2 Portionen

3 EL **Frischkäse** mit 3 EL **TK-Schnittlauchröllchen**, ½ TL abgeriebener **Bio-Zitronenschale** und 1 TL **Zitronensaft** gut vermischen, mit **Salz** und **Pfeffer** abschmecken. 2 **Toastscheiben** mit dem Schnittlauchfrischkäse bestreichen, mit 50 g **Räucherlachs** (in Scheiben) belegen. Je 1 **Toastscheibe** darauflegen, leicht andrücken und die Tramezzini diagonal halbieren.

4 × schnelle Crostini …

mit Bohnencreme und Parmaschinken

Für 2 Portionen

1 Dose weiße **Cannellini-Bohnen** (Abtropfgewicht 240 g) in einem Sieb abbrausen und abtropfen lassen. 1 **Knoblauchzehe** schälen, grob hacken. Beides mit je 2 EL **Gemüsebrühe** und **Olivenöl** und 1 EL Zitronensaft in einem hohen Rührbecher mit einem Pürierstab fein pürieren. Mit **Salz** und **Pfeffer** abschmecken. Die gerösteten **Baguettescheiben** mit der Bohnencreme bestreichen. 4 **Mozzarellabällchen** halbieren, 2 Scheiben **Parmaschinken** in 8 gleich große Stücke teilen. Die Crostini mit Schinken, Mozzarella und je 1 Basilikumblättchen belegen.

mit Tomate und Basilikum

Für 2 Portionen

1 **Fleischtomate** mit dem Sparschäler (noch besser ist ein Tomatenschäler mit gewellter Klinge) dünn schälen, dann vierteln und den Stielansatz sowie die Kerne entfernen, das Fruchtfleisch fein würfeln. 6 **Basilikumblättchen** in feine Streifen schneiden und mit den Tomatenwürfeln, 2 EL **Olivenöl** und 1 EL **Balsamico-Creme** gut vermischen, mit **Salz** und **Pfeffer** würzen. Den Tomaten-Basilikum-Mix auf gerösteten **Baguettescheiben** verteilen.

… für den Knabberspaß à la Toskana. Pro Rezept 6–8 Baguettescheiben toasten oder in der Pfanne in 1 EL Olivenöl rösten und belegen. Fertig!

mit Artischockencreme und Thunfisch

Für 2 Portionen

4 **Artischockenherzen** (in Öl, aus dem Glas) abtropfen lassen, grob schneiden und mit 2 EL **Mascarpone**, 1 TL **Kapern** und 1 EL **Balsamico-Creme** in einem hohen Rührbecher mit einem Pürierstab fein zerkleinern. Mit **Cayennepfeffer** und Salz abschmecken. 1 kleine Dose **Thunfisch** (in Olivenöl, Abtropfgewicht 50 g) kurz abtropfen lassen und in einer Schüssel mit **Salz**, **Cayennepfeffer** und 1 TL **Zitronensaft** vermischen. 1 Handvoll **Rucola** putzen, abbrausen und mit Küchenpapier trocken tupfen. 1 **Frühlingszwiebel** waschen, putzen, schräg in dünne Ringe schneiden. Geröstete **Baguettescheiben** mit der Artischockencreme bestreichen und mit Rucola, Thunfisch und Zwiebelringen belegen.

mit Olivencreme und Kapernäpfeln

Für 2 Portionen

1 kleines Glas **schwarze Oliven** (ohne Stein, in Scheiben, Abtropfgewicht 100 g) und 2 **Sardellenfilets** (in Öl, aus dem Glas) jeweils abtropfen lassen. 1 **Knoblauchzehe** schälen, fein hacken. Alles mit 1 EL **Kapern**, je 1 EL **Olivenöl**, **Zitronensaft**, **Dijon-Senf** und **Cognac** (nach Belieben), 2 EL **Frischkäse**, je 3–4 Prisen **Salz** und getrocknetem **Thymian** und 4–5 Spritzern **Tabasco** in einem hohen Rührbecher mit einem Pürierstab fein pürieren. Geröstete **Baguettescheiben** mit Olivencreme bestreichen und mit je 1 **Kapernapfel** (aus dem Glas) belegen.

Pasta, Reis & Co.

Käsespätzle mit Basilikumöl

2 Portionen • Zubereitungszeit 30 Min.

Zutaten

100 g Zucchini
100 g Kräuterseitlinge (ersatzweise Champignons)
½ Bund Frühlingszwiebeln
3 EL Olivenöl
300 g frische Spätzle (aus dem Kühlregal)
2 Stängel Basilikum
1 ½ TL Aceto balsamico bianco
Salz | Pfeffer
100 g Reibekäse
3 TL Röstzwiebeln (Fertigprodukt)

1 Die Zucchini waschen, putzen und in kleine Würfel schneiden. Die Pilze putzen und in dünne Scheiben schneiden. Die Frühlingszwiebeln putzen, waschen und in feine Ringe schneiden.

2 In einem weiten Topf 1 EL Olivenöl erhitzen. Darin die Pilze und Zucchini 1–2 Min. andünsten. Dann die Spätzle und 50 ml Wasser hinzufügen und alles zugedeckt bei schwacher bis mittlerer Hitze 4–5 Min. dünsten.

3 Inzwischen für das Basilikumöl das Basilikum samt Stängeln grob schneiden. Mit dem restlichen Olivenöl und ½ TL Essig in einen hohen Rührbecher geben und mit dem Pürierstab fein pürieren. Mit Salz und Pfeffer würzen.

4 Die Frühlingszwiebeln unter die Spätzle mischen und zugedeckt 1 Min. mitdünsten. Alles mit 1 TL Essig beträufeln, salzen und pfeffern. Den Reibekäse über die Spätzle streuen und ein wenig einarbeiten. Bei schwacher Hitze zugedeckt in 4–5 Min. schmelzen lassen.

5 Die Spätzle mit Röstzwiebeln bestreuen und auf Teller verteilen. Alle, die mögen, träufeln nun noch etwas Basilikumöl darüber.

4 × grandiose One-Pot-Pasta …

Blitz-Bolo

Für 2 Portionen

In einem großen Topf ½ EL **Olivenöl** erhitzen. Darin bei großer Hitze 125 g **gemischtes Hackfleisch** in 5 Min. bröselig braten. ½ **Knoblauchzehe** schälen und dazupressen. Je ½ Pck. **TK-Suppengrün** und **TK-Zwiebel-Duo** (je 40 g) dazugeben, kurz mitbraten. 1 Dose **stückige Tomaten** (400 g), 1½ EL **italien. TK-Kräuter,** 1 EL **Honig**, ½ EL **Aceto balsamico bianco** und 1 TL **Gemüsebrühe** (Instant) unterrühren. 500 ml kochendes **Wasser** und 25 ml **Milch** dazugießen, zum Kochen bringen. 250 g kurze **Nudeln** (z. B. Fusilli) dazugeben und offen bei mittlerer Hitze in ca. 8 Min. bissfest garen. 1 EL **Tomatenmark** unter die Pasta rühren, mit **Salz** und **Pfeffer** abschmecken. Zum Servieren nach Belieben mit **Parmesanspänen** bestreuen.

Brokkoli-Lachs-Pasta

Für 2 Portionen

250 ml **Wasser** in einem Topf mit 1 TL **Gemüsebrühe** (Instant) zum Kochen bringen. In der Zeit 50 g **getrocknete Tomaten** (in Öl eingelegt) abtropfen lassen, in dünne Streifen schneiden. 250 g **Brokkoli** waschen, putzen und in Röschen teilen. Brokkoli und Tomaten in der Brühe zugedeckt 2 Min. kochen. Dann 250 g frische **Tagliatelle** (aus dem Kühlregal), je 50 g **Frischkäse** und **Sahne**, 1 TL **Zitronensaft** und ½ TL **Honig** dazugeben und alles zugedeckt bei mittlerer Hitze 4 Min. garen, dabei ab und zu umrühren. 125 g **TK-Lachsfilet** (aufgetaut) in mundgerechte Stücke schneiden, salzen und pfeffern. Den Lachs zu den Nudeln geben und offen 2 Min. bei scjwacher Hitze garen, dabei hin und wieder vorsichtig umrühren. Mit **Salz** und **Pfeffer** würzen.

..., die stundenlanges Saucenkochen überflüssig macht und stattdessen ganz fix und einfach mit allen Zutaten in einem Topf gegart wird.

Spinat-Käse-Gnocchi

Für 2 Portionen

25 g **getrocknete Tomaten** (in Öl eingelegt) abtropfen lassen, in dünne Streifen schneiden. In einer großen beschichteten Pfanne 1 EL **Olivenöl** erhitzen. Darin 400 g frische **Gnocchi** (aus dem Kühlregal) zugedeckt bei mittlerer Hitze 3–4 Min. anbraten, dabei hin und wieder durchrühren. Die Tomaten dazugeben und 2 Min. mitbraten. ½ EL **italien. TK-Kräuter** und 75 ml **Wasser** untermischen und alles zugedeckt 2 Min. köcheln lassen. Dann 50 g **Frischkäse**, 110 g gefrorenen **TK-Rahmspinat** (portionierbar) und 50 g **Reibekäse** (z. B. Gouda) dazugeben und alles unter Rühren bei schwacher Hitze 3–4 Min. köcheln lassen. Mit ½ EL **Aceto balsamico bianco**, **Salz** und **Pfeffer** würzen.

Asia-Garnelennudeln

Für 2 Portionen

1 Stück junger **Ingwer** (1,5 cm lang) und ½ **Knoblauchzehe** schälen, würfeln und durch die Knoblauchpresse zu 25 g weicher **Butter** pressen. Mit 2 EL **Zitronensaft**, ½ EL **Honig** und ½ TL **Currypulver** verrühren. 1 **Paprika** putzen, waschen, in dünne Streifen schneiden. In einem Topf 1 EL **Öl** erhitzen, darin die Paprika 4 Min. anbraten, 1 ½ EL **Sesam** untermischen und kurz mitbraten. 400 g frische **Tagliatelle** (aus dem Kühlregal) und 225 g gefrorene **TK-Garnelen** (geschält) daraufgeben, 100 ml heißes **Wasser** angießen und bei mittlerer Hitze zugedeckt 4 Min. köcheln lassen. ½ Bund **Frühlingszwiebeln** putzen, waschen, in Ringe schneiden. Mit der Würzbutter zu den Nudeln geben, noch 2 Min. weitergaren. ½ Handvoll **Basilikumblätter** unterheben, **salzen**.

Couscous mit Rahmfilet

2 Portionen • Zubereitungszeit 30 Min.

Zutaten

150 g Champignons
250 g Schweinefilet
½ Dose Mais (70 g Abtropfgewicht)
1 EL Olivenöl
½ Pck. TK-Zwiebel-Duo
75 g Couscous
½ EL Butter
Salz
½ EL edelsüßes Paprikapulver
1 TL Honig
1 EL Aceto balsamico
125 ml Gemüsebrühe
100 g Sahne
Pfeffer
1 TL Speisestärke

1. Die Pilze putzen und in dünne Scheiben schneiden. Das Schweinefilet in ca. 1 cm dicke Scheiben schneiden. Den Mais abtropfen lassen.

2. Das Olivenöl in einem großen Topf erhitzen. Das Fleisch darin bei starker Hitze von beiden Seiten je 30 Sek. scharf anbraten und wieder herausnehmen. Zwiebel-Duo und Pilze in den Topf geben und bei mittlerer Hitze 4 Min. anbraten.

3. Inzwischen den Couscous in eine Schüssel geben, die Butter darauf verteilen, mit etwas Salz bestreuen. 100 ml Wasser in einem Wasserkocher aufkochen. Über den Couscous gießen und diesen zugedeckt 10 Min. quellen lassen.

4. Mais, Paprikapulver, Honig und Essig in den Topf geben, alles gut verrühren. Die Brühe und die Sahne angießen, salzen und pfeffern, zum Kochen bringen und 3–4 Min. einkochen lassen.

5. Die Stärke mit 1–2 EL kaltem Wasser verrühren und unter die Sauce mischen. Kurz köcheln lassen, bis die Sauce leicht sämig ist. Die Filetscheiben in die Sauce legen und bei schwacher Hitze zugedeckt in 3 Min. gar ziehen lassen. Auf Tellern mit dem Couscous servieren.

Mangoreis mit Hähnchen

2 Portionen • Zubereitungszeit 25 Min.

Zutaten

½ rote Paprika
100 g Möhren
½ Dose Mais
(140 g Abtropfgewicht)
200 g Hähnchenbrustfilet
100 g Mangopüree
250 ml Gemüsebrühe
1 TL Currypulver
1 TL Honig
1 EL Zitronensaft
1 EL Olivenöl
Salz | Pfeffer
150 g Basmatireis

1 Die Paprika halbieren, weiße Trennwände und Kerne entfernen, die Hälften waschen und klein schneiden. Die Möhren schälen und in dünne Scheiben schneiden. Den Mais abtropfen lassen. Das Hähnchenfilet abbrausen, trocken tupfen und in 1 cm breite Streifen schneiden.

2 Das Mangopüree mit der Gemüsebrühe, dem Currypulver, Honig und Zitronensaft verrühren.

3 Das Olivenöl in einem Topf erhitzen. Möhren und Paprika darin 2 Min. andünsten. Mais und Hähnchen dazugeben und 2 Min. mitdünsten. Mit wenig Salz und Pfeffer würzen. Den Reis untermischen und die Mangobrühe angießen. Alles zum Kochen bringen und zugedeckt bei schwacher Hitze 12 Min. köcheln lassen.

4 Den Topf vom Herd nehmen und den Reis zugedeckt noch 10–13 Min. nachgaren und ausquellen lassen. Dann auflockern und servieren.

Tipp:

Lust auf noch mehr Exotik? Mango-Chutney verleiht dem Gericht eine fruchtig-scharfe Note. Einfach pro Person noch 1 EL Chutney mit auf den Teller geben.

Blitz-Paella

2 Portionen • Zubereitungszeit 20 Min.

Zutaten

200 g geschälte TK-Bio-Shrimps
100 g geröstete, gehäutete Paprika (aus dem Glas)
1 Fleischtomate
1 Knoblauchzehe
2 Frühlingszwiebeln
250 g Hähnchenbrustfilet
2 EL Olivenöl
250 g vorgegarter Risottoreis (mit Safran, 250 g)
400 ml Fischfond (aus dem Glas)
200 ml Gemüsebrühe
80 g TK-Erbsen
2 EL Ajvar
Salz | Pfeffer
1 Bio-Zitrone

1. Die gefrorenen Shrimps in einem Sieb abbrausen und abtropfen lassen. Die geröstete Paprika abtropfen lassen und quer in dünne Streifen schneiden.

2. Die Tomate waschen, längs vierteln, Kerne und Stielansatz entfernen, das Fruchtfleisch grob würfeln. Den Knoblauch schälen und fein hacken. Die Frühlingszwiebeln waschen, putzen und in dünne Ringe schneiden. Das Hähnchenbrustfilet mit Küchenpapier trocken tupfen, die Haut und Sehnen entfernen. Das Fleisch in etwa 2 cm große Würfel schneiden.

3. Das Olivenöl in einer großen Pfanne erhitzen. Knoblauch, Frühlingszwiebeln und Hähnchenbrustfilet darin unter Rühren bei mittlerer Hitze 2–3 Min. anbraten. Vorgegarten Safran-Risottoreis, Fischfond und Gemüsebrühe dazugeben und unterrühren.

4. Paprika, Tomate und Shrimps mit den gefrorenen Erbsen zum Reis geben und gut vermischen. Den Reis bei mittlerer Hitze nach Packungsanweisung etwa 12 Min. garen, dabei zwei- bis dreimal gut durchrühren.

5. Das Ajvar untermischen, die Paella mit Salz und Pfeffer abschmecken. Die Zitrone in Achtel schneiden und mit der Blitz-Paella servieren.

4 × schneller Blitz-Risotto …

mit Pilzen

Für 2 Portionen

1 **Knoblauchzehe** schälen und fein hacken. 2 **Frühlingszwiebeln** waschen, putzen, in dünne Ringe schneiden. 120 g **Champignons** putzen und in dünne Scheiben schneiden. Je 1 EL **Butter** und **Olivenöl** in einer großen Pfanne erhitzen. Die vorbereiteten Zutaten darin 3–4 Min. bei mittlerer Hitze andünsten. 250 g vorgegarten **Risottoreis (mit Safran)** unterrühren. 150 ml **Weißwein** und 450 ml **Gemüsebrühe** (oder ohne Wein 600 ml Gemüsebrühe) untermischen und den Risotto nach Packungsanweisung unter Rühren etwa 12 Min. bei schwacher Hitze köcheln lassen. Je 2 EL **TK-Petersilie** und geriebenen **Parmesan** untermischen, den Risotto mit **Salz** und **Pfeffer** abschmecken. Vom Herd nehmen, 2–3 Min. zugedeckt ziehen lassen, servieren.

mit Frühlingszwiebeln

Für 2 Portionen

1 **Knoblauchzehe** schälen und fein hacken. 4 **Frühlingszwiebeln** waschen, putzen, in dünne Ringe schneiden. Je 1 EL **Butter** und **Olivenöl** in einer großen Pfanne erhitzen. Knoblauch und Zwiebeln darin 3–4 Min. bei mittlerer Hitze andünsten. 250 g vorgegarten **Risottoreis (mit Safran)** unterrühren. 150 ml **Weißwein** und 450 ml **Gemüsebrühe** (oder ohne Wein 600 ml Gemüsebrühe) untermischen und den Risotto nach Packungsanweisung unter Rühren etwa 12 Min. bei schwacher Hitze köcheln lassen. 10 **Basilikumblättchen** fein hacken und mit 2 EL geriebenem **Parmesan** untermischen. Den Risotto mit **Salz**, **Pfeffer** und 1–2 EL **Orangensaft** abschmecken. Vom Herd nehmen, 2–3 Min. zugedeckt ziehen lassen, servieren.

... mit vorgegartem Reis. Köstlich als feine Beilage oder als vegetarisches Hauptgericht: Dann aber gleich die doppelte Menge kochen.

mit Gemüse

Für 2 Portionen

1 **Knoblauchzehe** schälen und fein hacken. ½ Stange **Lauch** putzen und längs halbieren, waschen, dann quer in dünne Streifen schneiden. 1 **Möhre** schälen, grob raspeln. Je 1 EL **Butter** und **Olivenöl** in einer großen Pfanne erhitzen. Die vorbereiteten Zutaten darin 3–4 Min. bei mittlerer Hitze andünsten. 250 g vorgegarten **Risottoreis (mit Safran)** unterrühren. 600 ml **Gemüsebrühe** und 100 g gefrorene **TK-Erbsen** untermischen und den Risotto nach Packungsanweisung unter Rühren etwa 12 Min. bei schwacher Hitze köcheln lassen. 1 EL **Aceto balsamico bianco** und 2 EL geriebenen **Parmesan** untermischen, den Risotto mit **Salz** und **Pfeffer** abschmecken. Vom Herd nehmen, 2–3 Min. zugedeckt ziehen lassen, servieren.

mit Radicchio

Für 2 Portionen

½ **Radicchio** putzen, waschen und in dünne Streifen schneiden. 1 **Knoblauchzehe** schälen und fein hacken, 1 rote **Zwiebel** schälen und klein würfeln. Je 1 EL **Butter** und **Olivenöl** in einer großen Pfanne erhitzen. Die vorbereiteten Zutaten darin 3–4 Min. bei mittlerer Hitze andünsten. 250 g vorgegarten **Risottoreis (mit Safran)** unterrühren und 600 ml **Gemüsebrühe** untermischen. Den Risotto nach Packungsanweisung unter Rühren etwa 12 Min. bei schwacher Hitze köcheln lassen. Je 2 EL **Balsamico-Creme** und geriebenen **Parmesan** untermischen. Den Risotto mit **Salz** und **Cayennepfeffer** abschmecken. Vom Herd nehmen und 2–3 Min. zugedeckt ziehen lassen, servieren.

Japan-Reistopf

2 Portionen • Zubereitungszeit 20 Min.

Zutaten

250 g Hähnchenbrustfilet
4 Frühlingszwiebeln
1 Stück Ingwer (etwa 1 cm)
1 ½ EL Öl
4 EL Sojasauce
4 EL Sherry (ersatzweise Orangensaft)
Zucker
250 g vorgegarter Basmati-, Langkorn- oder Naturreis
4 EL Gemüsebrühe
1 Ei (M)
Salz | Pfeffer

1. Das Hähnchenbrustfilet mit Küchenpapier trocken tupfen, Haut und Sehnen entfernen. Das Fleisch in dünne Streifen schneiden. Die Frühlingszwiebeln waschen, putzen und schräg in dünne Ringe schneiden (2 EL vom Grün beiseitelegen). Den Ingwer schälen und fein hacken.

2. In einer großen Pfanne 1 EL Öl erhitzen. Fleisch, Frühlingszwiebeln und den Ingwer darin unter Rühren bei mittlerer Hitze 5–6 Min. braten. Die Sojasauce, den Sherry und 1–2 Prisen Zucker zugeben, alles gut vermischen und bei schwacher Hitze noch 3–4 Min. garen.

3. Das übrige Öl in einer zweiten Pfanne erhitzen. Reis und Gemüsebrühe dazugeben, vermischen und bei schwacher Hitze zugedeckt 2–3 Min. garen. Das Ei in einer kleinen Schüssel mit je 2–3 Prisen Salz und Pfeffer verrühren. Die Eiermasse unter den Reis mischen, zugedeckt 2–3 Min. garen, bis das Ei gestockt ist.

4. Den Eierreis mit einer Gabel durchrühren, mit Salz und Pfeffer abschmecken und in zwei Schälchen füllen. Das gebratene Hähnchen mit Salz, Pfeffer und Zucker abschmecken und auf dem Reis verteilen. Mit dem beiseitegelegten Frühlingszwiebelgrün bestreuen und servieren.

Orient-Pasta

2 Portionen • Zubereitungszeit 20 Min.

Zutaten

250 g Käse-Tortellini (aus dem Kühlregal, ersatzweise frische Tagliatelle)
Salz
4 Frühlingszwiebeln
1 EL Olivenöl
200 g Rinderhackfleisch
Pfeffer
rosenscharfes Paprikapulver
2 EL Ajvar
150 g Sahne-Naturjoghurt
1 Knoblauchzehe
1 EL Zitronensaft

1. Die Nudeln nach Packungsanweisung in reichlich kochendem Salzwasser al dente garen, in ein Sieb abgießen und abtropfen lassen.

2. Inzwischen die Frühlingszwiebeln waschen, putzen und in dünne Ringe schneiden. Das Olivenöl in einer großen Pfanne erhitzen. Frühlingszwiebeln und Hackfleisch darin unter Rühren bei mittlerer Hitze 5–6 Min. braten. Mit Salz, Pfeffer, Paprikapulver und Ajvar würzen.

3. Den Joghurt in eine kleine Schüssel geben. Den Knoblauch schälen und durch die Presse dazudrücken. Den Zitronensaft dazugeben und alles gut verrühren, mit Salz abschmecken.

4. Die abgetropften Nudeln zum Hackfleisch in die Pfanne geben, alles gut vermischen und heiß werden lassen. Orient-Pasta auf großen tiefen Tellern mit der Joghurtsauce anrichten. Nach Belieben mit Paprikapulver bestreuen.

Pasta mit Olivenpesto

2 Portionen • Zubereitungszeit 20 Min.

Zutaten

250 g Nudeln (z. B. Orecchiette)
Salz
1 Knoblauchzehe
100 g schwarze oder grüne Oliven (ohne Stein)
2 EL Kapern
3 Sardellenfilets (in Öl, aus dem Glas)
2 EL Olivenöl
1 EL Balsamico-Creme
1 Handvoll Basilikumblättchen
1 Fleischtomate
Cayennepfeffer
2 EL geriebener Parmesan (nach Belieben)

1 Die Nudeln nach Packungsanweisung in reichlich kochendem Salzwasser al dente garen. 3–4 EL vom Nudelkochwasser abnehmen und beiseitestellen, dann die Nudeln in ein Sieb abgießen und abtropfen lassen.

2 Den Knoblauch schälen und mit Oliven, Kapern, Sardellenfilets, Olivenöl, Balsamico-Creme und der Hälfte des Basilikums in einem hohen Rührbecher mit einem Pürierstab grob pürieren.

3 Die Tomate waschen, vierteln, Stielansatz und Kerne entfernen, das Fruchtfleisch in kleine Würfel schneiden. Die restlichen Basilikumblättchen in feine Streifen schneiden und mit den Tomatenwürfeln und dem Oliven-Mix vermischen. Das Pesto mit Salz und Cayennepfeffer abschmecken.

4 Das beiseitegestellte Nudelkochwasser in einer großen Pfanne 2–3 Min. bei geringer Hitze erwärmen. Die abgetropfte Pasta und das Olivenpesto dazugeben, alles gut vermischen und heiß werden lassen. Mit Salz und Cayennepfeffer abschmecken. Nach Belieben mit geriebenem Parmesan servieren.

Tipp:

Ohne Pürierstab geht es auch! Dann müssen Knoblauch, Oliven, Kapern, Sardellen und Basilikumblätter sehr fein gehackt werden.

4 × schnelle Tomatennudeln …

mit Mozzarella

Für 2 Portionen

250 g **Nudeln** (z. B. Spaghetti) nach Packungsanweisung in reichlich kochendem Salzwasser al dente garen. 4 **Frühlingszwiebeln** waschen, putzen und in dünne Ringe schneiden. 300 g **Kirschtomaten** waschen, halbieren und mit Zwiebeln, 1 TL abgeriebener **Bio-Zitronenschale** und je 3–4 EL **Olivenöl** und **Balsamico-Creme** mischen, mit **Salz** und **Pfeffer** würzen. Vom Nudelkochwasser 3 EL abnehmen, Pasta in ein Sieb abgießen und abtropfen lassen. Abgenommenes Kochwasser, Nudeln und Tomatenmischung in den Topf geben, vermischen und bei geringer Hitze 2–3 Min. durchziehen lassen. 150 g **Mozzarellabällchen** vierteln und untermengen, Pasta mit Salz und Pfeffer abschmecken. Mit 2 EL geriebenem **Parmesan** bestreuen.

mit Gemüse

Für 2 Portionen

1 kleine **Möhre** schälen, 3 **Frühlingszwiebeln** und 1 Stange **Staudensellerie** waschen und putzen, alles fein hacken. 1 **Knoblauchzehe** schälen und fein hacken. 1 kleine getrocknete **Peperoni** fein zerbröseln. 2 EL **Olivenöl** in einem Topf erhitzen. Darin die vorbereiteten Zutaten bei mittlerer Hitze 2–3 Min. andünsten. 1 Dose geschälte **Tomaten** (Inhalt 400 g) und ¼ l **Gemüsebrühe** untermischen. Mit **Salz**, **Pfeffer** und 1–2 Prisen **Zucker** würzen, 8–10 Min. köcheln lassen. Mit dem Pürierstab fein pürieren, mit Salz und Pfeffer abschmecken. Zwischendurch 250 g frische **Tagliatelle** (aus dem Kühlregal) nach Packungsanweisung in 2–3 Min. al dente garen und mit der Sauce auf Teller geben.

..., die immer schmecken! Ganz egal, ob die Tomaten frisch sind oder aus der Dose kommen.

mit Parmaschinken

Für 2 Portionen

3 **Frühlingszwiebeln** waschen, putzen, in dünne Ringe schneiden. 2 Scheiben **Parmaschinken** in Streifen schneiden. 1 kleine getrocknete **Peperoni** fein zerbröseln. In einer großen Pfanne 1 EL **Olivenöl** erhitzen. Darin bei mittlerer Hitze Zwiebeln, Schinken und Peperoni 3–4 Min. andünsten. 200 g gefrorenen **TK-Blattspinat**, 1 Dose geschälte **Tomaten** (Inhalt 400 g) und 50 ml **Gemüsebrühe** untermischen, Tomaten mit einer Gabel leicht zerdrücken. Mit **Salz** und **Pfeffer** würzen und 8–10 Min. einköcheln lassen. Zwischendurch 250 g **Nudeln** nach Packungsanweisung in reichlich kochendem Salzwasser al dente garen. Dann die Pasta in ein Sieb abgießen, abtropfen lassen und mit 2 EL geriebenem **Parmesan** und der Tomatensauce vermischen. Mit Salz und Pfeffer abschmecken.

mit Rucola

Für 2 Portionen

250 g **Nudeln** nach Packungsanweisung in reichlich kochendem Salzwasser al dente garen. 2 **Knoblauchzehen** schälen und fein hacken. 1 kleine getrocknete **Peperoni** zerbröseln. 2 EL **Olivenöl** in einer großen Pfanne erhitzen, Knoblauch und Peperoni darin 2–3 Min. bei mittlerer Hitze anbraten. 300 g passierte **Tomaten** (aus der Dose), 1–2 EL **Balsamico-Creme** und 100 ml **Gemüsebrühe** dazugeben, mit **Salz** und **Pfeffer** würzen und 3–4 Min. bei mittlerer Hitze köcheln lassen. 80 g **Rucola** putzen, waschen, trocken schütteln und grob hacken. Pasta in ein Sieb abgießen, abtropfen lassen. Mit dem Rucola und 2 EL geriebenem **Pecorino** (ersatzweise Parmesan) zur Sauce geben. Mit Salz und Pfeffer abschmecken. Mit weiteren 2 EL geriebenem **Pecorino** bestreuen.

4 × schnelle Käsenudeln …

mit Pecorino

Für 2 Portionen

250 g **Nudeln** (z. B. Spaghettini) nach Packungsanweisung in reichlich kochendem Salzwasser al dente garen. Vom Nudelkochwasser 6–8 EL abnehmen, die Pasta in ein Sieb abgießen und abtropfen lassen. 2 **Knoblauchzehen** schälen und fein hacken. 1 EL **Olivenöl** und 2 EL **Butter** in einer großen Pfanne erhitzen. Den Knoblauch darin bei geringer Hitze 2–3 Min. andünsten. Die abgetropften Nudeln, 50 g geriebenen **Pecorino** und das abgenommene Kochwasser dazugeben, alles gut vermischen und 2–3 Min. unter Rühren köcheln lassen, bis der Käse geschmolzen ist. Die Nudeln mit **Salz** und **Pfeffer** abschmecken.

„Quattro Formaggi"

Für 2 Portionen

250 g **Nudeln** (z. B. Orecchiette) nach Packungsanweisung in reichlich kochendem Salzwasser al dente garen. Vom Nudelkochwasser 3–4 EL abnehmen, die Pasta in ein Sieb abgießen und abtropfen lassen. Das abgenommene Kochwasser und 2 EL **Weißwein** (nach Belieben, ansonsten 1–2 EL mehr Nudelkochwasser verwenden) in einer großen Pfanne erhitzen. 100 g geriebenen **Tilsiter** und **Edamer** und je 2 EL geriebenen **Pecorino** und **Parmesan** dazugeben, den Käse bei schwacher Hitze schmelzen lassen. Die abgetropften Nudeln und 1 EL **Butter** dazugeben, alles gut vermischen, mit **Salz** und **Pfeffer** abschmecken.

..., die einem das Herz erwärmen und zudem auf feine Weise richtig schön satt machen.

mit Oliven und Mozzarella

Für 2 Portionen

200 g kurze **Nudeln** (z.B. Penne) nach Packungsanweisung al dente garen, abgießen, kalt abbrausen und auskühlen lassen. 2 **Frühlingszwiebeln** waschen, putzen und in dünne Ringe schneiden. 100 g **Kirschtomaten** waschen, in Scheiben schneiden. 50 g **grüne Oliven** mit Paprikafüllung (aus dem Glas) quer in dünne Scheiben schneiden. ½ gelbe **Paprika** längs vierteln, putzen, waschen, quer in dünne Streifen schneiden. 1 kleinen **Zucchino** waschen, putzen, längs halbieren und quer in dünne Scheiben schneiden. 100 g **Mozzarella** 1 cm groß würfeln, 10 **Basilikumblättchen** fein hacken. Alle Zutaten in einer Schüssel mit den abgekühlten Nudeln und je 2 EL **Olivenöl** und **Aceto balsamico bianco** vermischen, mit **Salz** und **Pfeffer** abschmecken.

mit zwei Käsesorten

Für 2 Portionen

1 weiße **Zwiebel** schälen, in dünne Streifen schneiden. 1 EL **Öl** in einer kleinen Pfanne erhitzen, darin die Zwiebeln bei mittlerer Hitze in 6–8 Min. hellbraun braten, vom Herd nehmen. 250 g **Nudeln** nach Packungsanweisung al dente garen, in ein Sieb abgießen, abtropfen lassen. Die Rinde von 100 g **Limburger Käse** entfernen. Den Käse grob würfeln, mit je 1 EL **Butter** und **Aceto balsamico bianco** und 2 EL **Gemüsebrühe** in einer großen Pfanne bei geringer Hitze schmelzen lassen. Die abgetropften Nudeln und 100 g geriebenen **Emmentaler** dazugeben, alles gut vermischen. Zugedeckt 2–3 Min. erhitzen, bis der Käse geschmolzen ist. Mit **Salz** und **Pfeffer** würzen, die gebratenen Zwiebeln untermischen und 2–3 EL **TK-Schnittlauchröllchen** aufstreuen.

Pasta mit Crema di Peperoni

2 Portionen • Zubereitungszeit 15 Min.

Zutaten

250 g Nudeln (z. B. Spaghettini)
Salz
1 Knoblauchzehe
2 Sardellenfilets (in Öl, aus dem Glas)
1 kleine getrocknete Peperoni
200 g geröstete, gehäutete Paprika (aus dem Glas)
1 EL Olivenöl
100 ml Gemüsebrühe
100 g Sahne
Cayennepfeffer

1 Die Nudeln nach Packungsanweisung in reichlich kochendem Salzwasser al dente garen.

2 Inzwischen den Knoblauch schälen und fein hacken. Die Sardellenfilets auf Küchenpapier abtropfen lassen, ebenfalls fein hacken. Die Peperoni mit den Fingern zerbröseln. Die Paprika auf Küchenpapier abtropfen lassen, grob hacken.

3 In einem Topf das Olivenöl erhitzen. Knoblauch, Sardellen und Peperoni darin 2–3 Min. bei mittlerer Hitze andünsten. Die Paprika zum Knoblauch-Sardellen-Mix in den Topf geben. Die Gemüsebrühe und die Sahne angießen, alles vermischen, mit Salz und Cayennepfeffer würzen und 4–5 Min. bei mittlerer Hitze köcheln lassen.

5 Die Sauce mit einem Pürierstab fein pürieren, mit Salz und Cayennepfeffer abschmecken. Die Nudeln in ein Sieb abgießen, abtropfen lassen und mit der Sauce servieren.

Passt gut dazu:

Crostini mit Artischockencreme und Thunfisch als Vorspeise.

Tipp:

Ohne Pürierstab geht es auch! Dann sollten alle Zutaten für die Sauce möglichst fein gehackt werden.

Zucchinipasta

2 Portionen • Zubereitungszeit 20 Min.

Zutaten

250 g Nudeln (z. B. Spaghettini)
Salz
250 g Zucchini
2–3 EL Olivenöl
1 Handvoll Basilikumblättchen
2 EL Butter
2 EL geriebener Pecorino
Pfeffer

1 Die Nudeln nach Packungsanweisung in reichlich kochendem Salzwasser al dente garen, in ein Sieb abgießen, abtropfen lassen.

2 Inzwischen die Zucchini waschen, putzen und in dünne Scheiben hobeln. Das Olivenöl in einer großen beschichteten Pfanne erhitzen. Die Zucchinischeiben darin bei mittlerer Hitze von jeder Seite 3–4 Min. braten, bis sie goldbraun sind.

3 Die Basilikumblättchen fein hacken und mit der Butter zu den Zucchinischeiben geben, alles weitere 2–3 Min. braten.

4 Die abgetropften Nudeln und den Pecorino mit in die Pfanne geben, alles gut vermischen. Die Zucchinipasta kräftig mit Salz und Pfeffer abschmecken.

Salate

Kartoffelsalat mit Zwiebel-Dreierlei

2 Portionen • Zubereitungszeit 45 Min.

Zutaten

500 g festkochende Kartoffeln
Salz
50 g geräucherter, würziger Schinken (am Stück, z. B. Schwarzwälder Schinken)
½ große gelbe Zwiebel
½ rote Zwiebel
1 ½ EL kaltgepresstes Hanföl (ersatzweise Walnussöl oder Rapsöl)
50 ml milder Weißweinessig
Pfeffer
½ Bund Frühlingszwiebeln
2 kleine Essiggurken (samt ca. 40 ml Gurkenflüssigkeit)
25–50 ml Gemüsebrühe (nach Bedarf)
2 hart gekochte Eier (M)

1 Die Kartoffeln waschen, in Salzwasser in ca. 30 Min. zugedeckt weich garen. Den Schinken in 75 ml ungesalzenem Wasser aufsetzen und 5 Min. kochen, dann im Sud kurz abkühlen lassen.

2 Die gelbe und rote Zwiebel schälen, klein würfeln. Den Schinken aus dem Sud heben und ebenfalls in kleine Würfel schneiden. In einem kleinen Topf das Hanföl erhitzen und darin die Schinkenwürfel bei schwacher bis mittlerer Hitze leicht anrösten. Die Zwiebelwürfel dazugeben und noch 2–3 Min. braten. Mit dem Schinkensud ablöschen und diesen 5 Min. einkochen. Den Essig dazugießen und den Sud mit Salz und Pfeffer abschmecken.

3 Die Kartoffeln abgießen, abschrecken und noch warm pellen, in dünne Scheiben schneiden. Nach und nach mit dem Schinken-Zwiebel-Sud vermischen – immer nur so viel Sud zugießen, wie die Kartoffeln aufnehmen können. Falls Sud übrig bleibt, aufheben.

4 Die Frühlingszwiebeln waschen, putzen und in feine Ringe schneiden. Essiggurken klein würfeln und mit Zwiebeln und Gurkenflüssigkeit unter den Kartoffelsalat mischen. Kurz ziehen lassen.

5 Dann eventuell noch ein wenig Sud (sollte nichts mehr übrig geblieben sein, Gemüsebrühe oder Gurkenflüssigkeit nehmen) unter den Salat mischen, er sollte keinesfalls zu trocken sein. Mit Salz und Pfeffer abschmecken. Die Eier pellen und in Viertel schneiden, den Salat damit garnieren.

Stiftelsalat mit Tomaten

2 Portionen • Zubereitungszeit 30 Min.

Zutaten

250 g reife, aber noch feste Tomaten
1 ½ Mini-Salatgurken
½ milde weiße Zwiebel
½ große grüne Paprika
75 g Möhren
½ Mini-Romanasalat
½ Bund Dill
Salz | Pfeffer
2 EL milder Weißweinessig
3 EL Olivenöl

1 Die Tomaten waschen und vierteln, die Stielansätze entfernen und die »Kerngehäuse« herausschneiden, aber aufheben. Die Tomatenviertel in schmale Spalten schneiden.

2 Die Gurken waschen und längs achteln. Die Zwiebel schälen und halbieren. Die Paprika putzen, waschen und vierteln. Die Möhren schälen. Alles in 3–4 cm lange Stifte schneiden. Den Romanasalat auseinanderlösen, waschen, trocken schleudern und in schmale Streifen schneiden.

3 Den Dill abbrausen und trocken schütteln, die Spitzen abzupfen und fein schneiden. Die Kerngehäuse der Tomaten durch ein Sieb streichen, den Saft mit Salz, Pfeffer und Weißweinessig verrühren. Mit einer Gabel oder einem Schneebesen das Olivenöl unterschlagen, dann den Dill untermischen.

4 Eine möglichst flache Salatschüssel mit den Romanastreifen auslegen, die »Stiftel« und Tomaten mischen und darübergeben. Mit Salatsauce gleichmäßig beträufeln und servieren.

Bunter Salat mit Pfirsichen

2 Portionen • Zubereitungszeit 30 Min.

Zutaten

3 kleine Plattpfirsiche (Weinbergpfirsiche)
1 ½ EL Zitronensaft
75 g bunte Blattsalate (z. B. Romanasalat, Eichblattsalat, Baby-Mangold, Feldsalat oder Radicchio)
50 g Gorgonzola (gut gekühlt)
5 Walnusshälften
1 EL milder Weißweinessig
½ TL extrascharfer Senf
Salz | Pfeffer
½ TL heller Honig
3 EL Walnussöl

1 Die Pfirsiche schälen: Wenn sie reif sind, einfach die Haut abziehen, wenn sie noch fest sind, vorher kurz mit kochendem Wasser überbrühen, abschrecken. Die Pfirsiche entsteinen, in dünne Spalten schneiden und mit dem Zitronensaft beträufeln.

2 Die Blattsalate auseinanderlösen, waschen, trocken schleudern und in grobe Stücke reißen oder schneiden. Den Gorgonzola in kleine Würfel schneiden. Die Blattsalate vorsichtig mit den Käsewürfeln und den Pfirsichspalten mischen, in eine Schüssel geben und mit den Walnusshälften bestreuen.

3 Für die Salatsauce den Weißweinessig mit Senf, Salz und Pfeffer verrühren, bis sich das Salz aufgelöst hat. Mit einer Gabel Honig und Walnussöl unterschlagen, bis die Sauce cremig ist. Die Salatmischung mit der Sauce beträufeln und servieren.

Gurkensalat mit Bulgur

2 Portionen • Zubereitungszeit 30 Min. • Marinieren: 1 Std.

Zutaten

75 g Bulgur
Salz
½ TL Chiliflocken
1 ½ Bund Petersilie
1 ½ Stängel Minze
250 g Mini-Salatgurken
1 ½ Tomaten
½ grüne Paprika
½ Bund Frühlingszwiebeln
2 EL Zitronensaft
Pfeffer
2 ½ EL Olivenöl
4 schwarze Oliven (ohne Stein)

1 Den Bulgur in eine Schüssel geben, salzen und mit den Chiliflocken bestreuen. 75 ml kochend heißes Wasser darüberträufeln und den Bulgur zugedeckt ca. 15 Min. quellen lassen.

2 Kräuter abbrausen und trocken schütteln, Blättchen abzupfen und grob schneiden. Gurken waschen, längs vierteln und in grobe Stücke schneiden. Tomaten mit kochend heißem Wasser überbrühen, hauten und die Stielansätze entfernen, Fruchtfleisch grob würfeln. Paprika putzen, waschen und in kleine Würfel schneiden. Frühlingszwiebeln waschen, putzen und in feine Ringe schneiden.

3 Den Bulgur mit einer Gabel auflockern. Kräuter, Gurken, Tomaten, Paprika und die Frühlingszwiebeln unterheben. Den Zitronensaft mit Salz, Pfeffer und Olivenöl verquirlen, bis sich das Salz aufgelöst hat. Den Salat mit der Sauce vermischen und ca. 1 Std. durchziehen lassen.

4 Zum Servieren den Salat nochmals durchmischen und mit Salz und Pfeffer abschmecken. Mit den Oliven garnieren.

Nizza-Salat mit Eiern

2 Portionen • Zubereitungszeit 30 Min.

Zutaten

2 Tomaten
½ kleine Salatgurke
½ grüne Paprika
1 weiße Zwiebel
2 eingelegte Artischockenherzen
½ Dose Thunfisch »naturell« (75 g Abtropfgewicht)
½–1 Knoblauchzehen
1 EL milder Weißweinessig
1 EL Zitronensaft
½ TL extrascharfer Senf
Salz | Pfeffer | 3 EL Olivenöl
2 hart gekochte Eier (M)
je 4 grüne und schwarze Oliven (ohne Stein)

1 Die Tomaten waschen und achteln, dabei die Stielansätze entfernen. Die Gurke schälen und in dünne Scheiben schneiden. Die Paprika putzen, waschen und klein würfeln. Die Zwiebel schälen und in schmale Streifen schneiden. Alles mischen.

2 Die Artischockenherzen abtropfen lassen und längs halbieren. Den Thunfisch abtropfen lassen und grob zerpflücken. Beides unter den Salat mischen.

3 Für die Salatsauce den Knoblauch schälen und in eine kleine Schüssel pressen. Mit Weißweinessig, Zitronensaft, Senf, Salz und Pfeffer verrühren. Dann das Olivenöl unterschlagen, bis eine cremige Sauce entstanden ist.

4 Den Salat in einer flachen Schüssel ausbreiten. Die Eier pellen und vierteln, mit den Oliven auf dem Salat verteilen. Zum Schluss die Salatsauce darüberträufeln.

Gebratener Romanasalat

2 Portionen • Zubereitungszeit 20 Min.

Zutaten

1 EL Pinienkerne
1 rote Zwiebel
120 g Brie
120 g Erdbeeren
1 Romana-Salatherz
3 EL Öl
2 EL Aceto balsamico
Salz | Pfeffer
1–2 TL grüne Pfefferkörner (aus dem Glas)
4 Scheiben Baguette

1 Die Pinienkerne in einer Pfanne ohne Fett hellbraun anrösten und herausnehmen. Die Zwiebel schälen und in dünne Ringe schneiden. Den Brie in Scheiben schneiden. Die Erdbeeren waschen, putzen und in Scheiben schneiden.

2 Das Salatherz waschen, längs halbieren und trocken tupfen. In einer Pfanne 1 EL Öl erhitzen, die Salathälften darin bei starker Hitze mit der Schnittseite nach unten 1–2 Min. anbraten. Mit dem Essig ablöschen und zugedeckt bei schwacher Hitze 1–2 Min. garen. Die Salathälften mit Salz und Pfeffer würzen.

3 Erdbeeren, Brie, Zwiebel und Pfefferkörner auf zwei Tellern verteilen. Mit dem restlichen Öl beträufeln und mit Salz und Pfeffer würzen. Die Salatherzen darauf anrichten, mit den Pinienkernen bestreuen. Mit dem Baguette servieren.

Tipp:

Statt Romanasalat Radicchio oder Chicorée verwenden. Diese Sorten jedoch 2–3 Min. länger garen.

4 × schnelle Salate …

Tomatensalat

Für 2 Portionen

250 g **Kirschtomaten** waschen und halbieren. 2 **Frühlingszwiebeln** putzen, waschen und in Ringe schneiden. 1 Bund **Petersilie** waschen, trocken schütteln und die Blätter abzupfen. Alles in einer Schüssel mit 50 g schwarzen **Oliven** mischen. Den Salat mit je 2 EL **Aceto balsamico** und **Öl** sowie 1 TL **Honig** beträufeln. Mit **Salz** und **Pfeffer** würzen, alles gut verrühren und kurz ziehen lassen. Tomatensalat mit Salz abschmecken und servieren.

Passt gut dazu: Röstbrot oder türkisches Fladenbrot.

Gurkencocktail

Für 2 Portionen

Für das Dressing 50 g **Sahne** mit 1 EL **TK-Dill**, je 1 TL **Senf, Meerrettich** (aus dem Glas) und **Zucker** sowie 2 EL **Weißweinessig** verrühren und mit **Salz** und **Pfeffer** abschmecken. 1 **Mini-Salatgurke** heiß waschen, trocken reiben und würfeln. 50 g **Schafskäse** (Feta) ebenfalls fein würfeln. Gurke, Feta und 50 g **Silberzwiebeln** (aus dem Glas) auf Gläser verteilen und das Dressing darüberträufeln. Den Gurkencocktail mit etwas TK-Dill garniert servieren.

Passt gut dazu: Röstbrot oder Kräcker.

… für die große Lust auf cooles Gemüse und knackige Blättchen – ruckzuck geschnibbelt, fix mit Dressing angemacht – fertig!

Rucolasalat

Für 2 Portionen

Für das Dressing je 1 EL **körnigen Senf** und **Honig** mit 2 EL **Weißweinessig** verrühren. 3 EL **Öl** unterschlagen, die Sauce mit **Salz** und **Pfeffer** abschmecken. 100 g **Rucola** putzen, waschen und trocken schleudern. Die Blätter nach Belieben klein zupfen. ½ **Papaya** entkernen, schälen und in Spalten schneiden. 8 **Erdbeeren** waschen, putzen und halbieren. Rucola, Papaya, Erdbeeren und 100 g **Mini-Mozzarellakugeln** mit dem Dressing mischen und kurz ziehen lassen. Auf Teller verteilen und servieren.

Rote-Bete-Salat

Für 2 Portionen

Für das Dressing 2 geh. TL **Pflaumenmus** mit 2 TL **Senf** und 3 EL **Weißweinessig** verrühren. 3 EL **Öl** unterschlagen, die Sauce mit **Salz** und **Pfeffer** würzen. 500 g vorgekochte **Rote Beten** (vakuumverpackt) kurz abtropfen lassen und klein schneiden. 2 **Frühlingszwiebeln** putzen, waschen und in Ringe schneiden. Rote Beten und Frühlingszwiebeln mit dem Dressing mischen und 5 Min. ziehen lassen. 40 g **Haselnussblättchen** in einer Pfanne ohne Fett etwas anrösten und untermischen. Den Salat mit Salz abschmecken.

Couscoussalat

2 Portionen • Zubereitungszeit 20 Min.

Zutaten

100 g Couscous
1 TL gekörnte Gemüsebrühe
1 TL getrockneter Dill
Salz | Pfeffer
1 kleiner Radicchio
2 EL Öl
3 EL Orangensaft
1 EL Weißweinessig
2 TL Honig
100 g kernlose Weintrauben
100 g Räuchertofu
½ Beet Kresse

1. Den Couscous mit gekörnter Brühe und Dill in einer Schüssel mischen, salzen und pfeffern. Mit 180 ml kochendem Wasser übergießen und 8 Min. zugedeckt quellen lassen.

2. Inzwischen den Radicchio waschen, den harten Strunk entfernen, die Blätter in Streifen schneiden. Den Radicchio in einer Servierschüssel mit 1 EL Öl, dem Orangensaft, Essig, Honig und 1 Prise Salz mischen, etwas durchkneten und durchziehen lassen.

3. Die Weintrauben waschen, von den Stielen zupfen und nach Belieben halbieren. Den Räuchertofu würfeln und in einer Pfanne im restlichen Öl rundherum anbraten.

4. Den gequollenen Couscous etwas auflockern und mit den Weintrauben und dem Tofu zum Radicchio geben. Alles durchrühren und mit Salz und Pfeffer abschmecken. Die Kresse mit einer Schere abschneiden und darüberstreuen.

Passt gut dazu:

Tomaten-Crostini, Halloumi-Fladenbrote oder -Burger.

Bunter Nudelsalat

2 Portionen • Zubereitungszeit 20 Min.

Zutaten

200 g Penne oder andere kurze Nudeln
Salz
1 Mini-Salatgurke
50 g Rucola
100 g Schafskäse (Feta)
150 g geröstete, gehäutete Paprika (aus dem Glas)
60 g grüne oder schwarze Oliven
2 TL Honig
2 EL Weißweinessig
2 EL Öl

1. Die Penne in reichlich kochendem Salzwasser nach Packungsanweisung bissfest garen.

2. Inzwischen die Gurke heiß waschen, trocken reiben und in Scheiben schneiden. Den Rucola putzen, waschen und trocken schleudern. Die Blätter nach Belieben klein zupfen. Den Feta fein würfeln. Die Paprika in mundgerechte Stücke schneiden.

3. Die Penne in ein Sieb abgießen, kalt abschrecken und abtropfen lassen. Die Penne mit Gurke, Feta, Rucola, Paprika und Oliven in einer Schüssel mischen.

4. Honig, Essig und Öl verrühren und unter den Salat mischen. Den Salat mit Salz und Pfeffer abschmecken und kurz durchziehen lassen.

Passt gut dazu:

Tomaten-Crostini oder Avocado-Baguette.

2 × schneller Nudelsalat …

mit Kapern und gerösteten Zwiebeln

Für 2 Portionen

200 g kurze **Nudeln** nach Packungsanweisung al dente garen, abgießen, auskühlen lassen. 2 weiße **Zwiebeln** schälen und längs halbieren, die Hälften längs in dünne Spalten schneiden. 1 **Knoblauchzehe** schälen und fein hacken. 2 EL **Olivenöl** in einer großen Pfanne erhitzen. Zwiebeln, Knoblauch und 1 EL getrockneten **Oregano** darin bei mittlerer Hitze 6–8 Min. braten, bis die Zwiebeln weich und leicht gebräunt sind. 2 EL **Olivenöl** mit 1 EL **Aceto balsamico**, 1 EL **Dijon-Senf**, 2 EL kleinen **Kapern**, **Salz** und **Pfeffer** verrühren. Die abgekühlten Nudeln in einer Schüssel mit dem Zwiebel-Knoblauch-Mix und der Kapernvinaigrette vermischen. Mit **Salz** und **Pfeffer** kräftig abschmecken.

mit Chili-Knoblauch-Vinaigrette

Für 2 Portionen

200 g kurze **Nudeln** nach Packungsanweisung al dente garen, abgießen, auskühlen lassen. 2 **Knoblauchzehen** schälen und fein hacken, 1 kleine getrocknete **Peperoni** zerbröseln. 4 EL **Olivenöl** in einer großen Pfanne erhitzen. Knoblauch, Peperoni, 3–4 Prisen **Salz** und 2 EL **TK-Petersilie** dazugeben, alles bei schwacher Hitze unter Rühren 2–3 Min. andünsten. Die abgekühlten Nudeln in einer Schüssel mit dem Knoblauch-Mix vermischen. 80 g **Kirschtomaten** waschen, halbieren und mit 2 EL geriebenem **Parmesan** (noch feiner: frisch gehobelte Parmesanspäne) und 2 EL **TK-Petersilie** zu den Nudeln geben, vermengen. Mit Salz, **Pfeffer** und 1–2 TL **Zitronensaft** abschmecken. Noch 2 EL geriebenen **Parmesan** aufstreuen.

Nudelsalat mit grünem Spargel

2 Portionen • Zubereitungszeit 15 Min.

Zutaten

200 g kurze Nudeln (z. B. Penne)
150 g grüner Spargel
3 EL Olivenöl
1 TL Honig
1 TL Bio-Orangenschale
2 EL Orangensaft
Salz | Pfeffer
1 Handvoll Basilikumblättchen
50 g Graved Lachs

1 Die Nudeln nach Packungsanweisung al dente garen, abgießen, kalt abbrausen, auskühlen lassen.

2 Den Spargel waschen, nach Belieben im unteren Drittel schälen, die Stangenenden abschneiden. Den Spargel schräg in dünne Scheiben schneiden. In einer großen Pfanne 1 EL Olivenöl erhitzen, darin den Spargel bei mittlerer Hitze 4–5 Min. braten.

3 Den Honig und die abgeriebene Bio-Orangenschale mit dem Orangensaft und dem übrigen Olivenöl verrühren, mit Salz und Pfeffer würzen. Die abgekühlten Nudeln mit Spargel, Honigvinaigrette und den Basilikumblättchen vermischen, mit Salz und Pfeffer abschmecken.

4 Am Ende den Graved Lachs (in Scheiben) dekorativ auf dem Nudelsalat anrichten.

Thai-Reisnudelsalat

2 Portionen • Zubereitungszeit 15 Min.

Zutaten

100 g Reis-Vermicelli
1 rote Zwiebel
1 kleine rote Paprika
1 Mini-Salatgurke
2 EL geröstete Erdnusskerne
1 Bund Koriandergrün oder Minze
1 EL Öl
ca. 2 EL Limettensaft
1–2 EL helle Sojasauce
2 TL Zucker
½ TL Pul Biber (türkische Paprikaplättchen)
Salz

1. Die Nudeln nach Packungsanweisung in heißem Wasser einweichen und abtropfen lassen.

2. Zwiebel schälen und in feine Streifen schneiden. Die Paprika halbieren, entkernen, waschen und ebenfalls in feine Streifen schneiden. Die Gurke waschen und in Scheiben schneiden. Die Erdnüsse hacken. Kräuter waschen, trocken schütteln und die Blättchen abzupfen.

3. Das Öl, 1 ½ EL Limettensaft, 1 EL Sojasauce, Zucker und Pul Biber in einer Schüssel verrühren. Zwiebel, Paprika, Gurke, Erdnüsse und Kräuter dazugeben und gut durchmischen.

4. Die Nudeln kräftig ausdrücken, mit einer Schere auf die gewünschte Länge einkürzen und mit dem Gemüse mischen. Den Salat mit Salz, dem restlichen Limettensaft und der übrigen Sojasauce abschmecken.

Tipp:

Clevere Ergänzungen für den Salat sind 100 g klein geschnittene Avocado oder in feine Streifen geschnittene, unreife Mango.

4 × knackig-frische Salate …

Möhrensalat mit Sonnenblumenkernen

Für 2 Portionen

Für das Dressing 1 EL **Zitronensaft**, ½ EL **Aceto balsamico bianco**, ½ EL **Honig** und 1 EL **Rapsöl** verrühren, mit **Salz** und **Pfeffer** abschmecken. 25 g **Sonnenblumenkerne** in einer Pfanne hellbraun anrösten und sofort zum Dressing geben. 250 g **Möhren** schälen und grob raspeln. 1 **Apfel** (z. B. Braeburn) waschen, entkernen und ebenfalls grob raspeln. Möhren- und Apfelraspel mit dem Dressing mischen. Den Salat mit **Salz** und **Pfeffer** abschmecken.

Feldsalat mit Smoothie-Dressing

Für 2 Portionen

Für das Dressing ½ kleine **Zwiebel** schälen, fein würfeln und mit 1 EL **Aceto balsamico bianco** (Apfel-Balsamico wäre der Hit!) und etwas **Salz** verrühren, kurz ziehen lassen. 75 g **Feldsalat** verlesen, waschen und trocken schleudern. 50 g kernlose **Weintrauben** waschen, von den Stielen zupfen. 5 **Radieschen** waschen, putzen und in dünne Scheiben schneiden. Feldsalat, Trauben, Radieschen und 25 g **Walnusskerne** (wer möchte, zerkleinert sie vorher noch etwas) in einer Schüssel mischen. 1 ½ EL **roten Frucht-Smoothie** und 2 EL **Rapsöl** mit der Essig-Zwiebel-Mischung verrühren. Mit **Salz** und **Pfeffer** abschmecken. Mit dem Salat mischen.

…, bei denen auch ausgesprochene Grünzeugmuffel nicht Nein sagen können und stattdessen begeistert Nachschub verlangen.

Tomaten-Kaki-Salat

Für 2 Portionen

Für das Dressing 1 EL **Aceto balsamico bianco**, 1 TL **Honig** und 1 EL **Olivenöl** verrühren, mit **Salz** und **Pfeffer** abschmecken. In einer Pfanne 1 EL **Pinienkerne** hellbraun anrösten und zum Dressing geben. 200 g **Kirschtomaten** waschen und halbieren. ½ **Kaki** waschen, putzen, vierteln, in dünne Scheiben schneiden. 75 g **Schafskäse** (Feta) klein würfeln oder grob zerbröckeln. 2 Stängel **Minze** abbrausen und trocken schütteln, die Blätter abzupfen und in feine Streifen schneiden. Alles mit dem Dressing mischen. Dazu passen geröstete und mit Knoblauchöl bestrichene Ciabatta-Scheiben.

Tipp: Die Kaki nach Belieben durch 150 g Feigen oder Physalis ersetzen.

Bohnen-Couscous-Salat

Für 2 Portionen

In einem Topf 100 ml **Wasser** mit 1 TL **Gemüsebrühe** (Instant), ½ Pck. **TK-Zwiebel-Duo** und 1 TL **Butter** aufkochen. 75 g **Couscous** einstreuen, einmal aufkochen, vom Herd nehmen und zugedeckt 10 Min. quellen lassen. ½ orange **Paprika** putzen, waschen und klein würfeln. ½ Dose **Kidneybohnen** (60 g Abtropfgewicht) in ein Sieb gießen, kalt abbrausen und abtropfen lassen. 100 g **Kirschtomaten** waschen und halbieren. Die **Kresse** von ½ Beet schneiden. Für das Dressing ½ EL **Aceto balsamico bianco** (Apfel-Balsamico wäre der Hit!), ½ EL **Zitronensaft**, 1 TL **Honig** und 1 EL **Olivenöl** verrühren. Mit **Salz** und **Pfeffer** abschmecken. Alle Salatzutaten mit dem Dressing mischen.

Aus Topf & Pfanne

Gemüse-Bouillabaisse

2 Portionen • Zubereitungszeit 30 Min.

Zutaten

1 kleine Stange Lauch
1 kleiner Zucchino
1 kleine Knolle Fenchel
1 Stange Staudensellerie
1 Knoblauchzehe
2 EL Olivenöl
600 ml Gemüsebrühe
1 Döschen gemahlener Safran (0,1 g)
1 TL abgeriebene Bio-Orangenschale
2 EL Orangensaft
Salz | Pfeffer
1 Fleischtomate
2 EL TK-Petersilie

1 Den Lauch putzen, längs einschneiden und waschen, dann quer in dünne Ringe schneiden. Den Zucchino waschen, putzen, längs halbieren und quer in dünne Scheiben schneiden. Den Fenchel waschen, putzen, längs halbieren und den harten Strunk keilförmig herausschneiden. Fenchelhälften quer in dünne Streifen schneiden. Die Selleriestange waschen, putzen und quer in dünne Scheiben schneiden. Den Knoblauch schälen und fein hacken.

2 Das Olivenöl in einem Topf erhitzen. Knoblauch und das Gemüse darin unter Rühren bei mittlerer Hitze 3–4 Min. andünsten. Gemüsebrühe, Safran, Orangenschale und Orangensaft dazugeben, alles mit Salz und Pfeffer würzen und zugedeckt 8–10 Min. garen.

3 Die Tomate waschen oder mit einem Sparschäler (noch besser: ein Tomatenschäler mit gewellter Klinge) rundherum schälen. Die Tomate vierteln, Stielansatz und Kerne entfernen, das Fruchtfleisch grob würfeln. Mit der Petersilie zu der Bouillabaisse geben, mit Salz und Pfeffer abschmecken und servieren.

Passt gut dazu:

Croûtons – dafür 2 Scheiben Toastbrot würfeln und mit 1 EL Olivenöl und 1 geschälten Knoblauchzehe in einer kleinen Pfanne bei mittlerer Hitze goldbraun und knusprig braten.

4 × schneller Couscous …

mit Linsenragout

Für 2 Portionen

200 g festkochende **Kartoffeln** schälen und waschen, 1 cm groß würfeln. 80 g **rote Linsen** in einem Sieb abbrausen. 1 **Zwiebel** schälen, halbieren und in dünne Spalten schneiden. 1 **Knoblauchzehe** und 1 Stück **Ingwer** (1 cm) schälen und fein hacken. 1 kleine getrocknete **Peperoni** fein zerbroseln. 1 EL **Olivenöl** in einer Pfanne erhitzen, alles darin bei mittlerer Hitze 2–3 Min. andünsten. 1 Dose **geschälte Tomaten** (Inhalt 400 g) dazugeben, Tomaten leicht zerdrücken. Kartoffeln, Linsen und 300 ml **Gemüsebrühe** untermischen. Das Ragout mit **Salz**, **Pfeffer**, je ½ TL **Kurkumapulver**, gemahlenem **Kreuzkümmel** und **Koriander** sowie 1–2 TL **Zitronensaft** würzen, 12–14 Min. köcheln lassen. 4 EL **Kokosraspel** in einer Pfanne ohne Fett hellbraun rösten. Anrichten und servieren.

mit Kichererbsencurry

Für 2 Portionen

4 **Frühlingszwiebeln** waschen, putzen und schräg in dünne Ringe schneiden. 1 **Knoblauchzehe** schälen und fein hacken. 1 kleinen **Apfel** waschen, vierteln, entkernen und klein würfeln. 1 EL **Butter** in einer Pfanne erhitzen, alles darin bei mittlerer Hitze 2–3 Min. andünsten. 1 Dose **Kichererbsen** (Abtropfgewicht 240 g) in ein Sieb abgießen, abbrausen und abtropfen lassen. Mit 150 ml **Gemüsebrühe**, 3 EL **Crème fraîche** und 1 EL **Zitronensaft** in die Pfanne geben, verrühren. Alles mit 1 TL **Currypulver** und je 3–4 Prisen **Salz** und **Cayennepfeffer** würzen, 5–6 Min. köcheln lassen. Das Curry mit Couscous anrichten.

… als Basis für Curry, Ragout & Co.: Ppro Rezept 125 g Instant-Couscous mit 150 ml kochend heißer Gemüsebrühe, 2–3 Prisen Kurkumapulver und 1 TL Olivenöl vermischen, 5 Min. quellen lassen, durchrühren, fertig.

mit Masala-Spinat

Für 2 Portionen

3 **Frühlingszwiebeln** waschen, putzen und in dünne Ringe schneiden. 1 **Knoblauchzehe** schälen und fein hacken. 1 kleine getrocknete **Peperoni** fein zerbröseln. 1 EL **Öl** in einer Pfanne erhitzen, alles darin bei mittlerer Hitze 2–3 Min. andünsten. 200 g gefrorenen **TK-Blattspinat** fein hacken und mit 1 Dose **geschälten Tomaten** (Inhalt 400 g) dazugeben, die Tomaten leicht zerdrücken. 1 EL gekörnte **Gemüsebrühe** untermischen, Spinat mit **Salz**, **Pfeffer** und je 2–3 Prisen **Kurkumapulver**, gemahlenem **Kreuzkümmel** und **Koriander** würzen, 5–6 Min. köcheln lassen.

mit Süßkartoffeln

Für 2 Portionen

1 **Knoblauchzehe** schälen und fein hacken. 1 kleine getrocknete **Peperoni** fein zerbröseln. 1 rote **Zwiebel** schälen, halbieren und in dünne Spalten schneiden. 1 EL **Olivenöl** in einer Pfanne erhitzen, alles darin bei mittlerer Hitze 3–4 Min. andünsten. 1 große **Möhre** und 1 **Süßkartoffel** (150 g, ersatzweise Kürbis) schälen, längs halbieren und quer in dünne Scheiben schneiden, in die Pfanne geben und 2–3 Min. mitdünsten. ¼ l **Gemüsebrühe** dazugießen, mit je 3–4 Prisen **Currypulver**, gemahlenem **Koriander** und **Kreuzkümmel**, **Salz**, **Pfeffer** und 1–2 TL **Limettensaft** würzen, 6–8 Min. köcheln lassen. 3 EL **Kürbiskerne** in einer Pfanne ohne Fett hellbraun rösten. Das Ragout mit Couscous anrichten, Kürbiskerne aufstreuen.

4 × Beilage zu hippem Püree …

Spinat & Spiegelei

Für 2 Portionen

In einem Topf 50 ml **Wasser** leicht salzen und mit ½ EL **Butter** zum Kochen bringen. 250 g gefrorenen **TK-Blattspinat** (nicht zu Blöcken gepresst) und 1 EL **TK-Knoblauch-Duo** dazugeben und zunächst auftauen lassen, dann aufkochen und alles bei mittlerer Hitze zugedeckt 3 Min. garen. 25 g **Sahne** und 1 TL **Aceto balsamico bianco** unterrühren und den Spinat offen noch 2 Min. köcheln lassen. Mit **Salz**, **Pfeffer** und 1 Prise frisch geriebener **Muskatnuss** würzen. Warm halten. In einer großen Pfanne 2 TL **Öl** erhitzen. 2 **Eier** (M) hineinschlagen und bei mittlerer Hitze in 2–3 Min. zu Spiegeleiern braten. Mit **Salz** und **Pfeffer** würzen. Mit dem Spinat und Püree auf Tellern anrichten.

Gurkengemüse & Fisch

Für 2 Portionen

1 **Salatgurke** schälen, längs halbieren, entkernen, in dicke Scheiben schneiden. 1 ½ **Frühlingszwiebeln** putzen, waschen und in dünne Ringe schneiden. 15 g **Butter** und ½ EL **Zucker** in einem Topf schmelzen. Die Gurken hinzufügen, salzen und bei schwacher Hitze 4–5 Min. dünsten, dabei nach 3 Min. die Zwiebeln untermischen. 35 g **Frischkäse** und 1 EL **Aceto balsamico bianco** unterrühren. 25 ml **Gemüsebrühe** angießen, sodass eine cremige Sauce entsteht. Gemüse **salzen**, **pfeffern** und mit ½ EL **TK-Dill** verfeinern. Warm halten. 2 Stück **TK-Fischfilet** (Kabeljau, Seelachs oder Lachs, je ca. 125 g, aufgetaut) mit **Salz** und **Pfeffer** würzen. In einem Topf mit Dämpfeinsatz über kochendem Wasser 5 Min. dämpfen. Mit Gemüse und Püree auf Tellern anrichten.

Je 250 g Süßkartoffeln und festkochende Kartoffeln schälen, klein würfeln und in wenig leicht gesalzenem Wasser in 12 Min. gar kochen. Abgießen, ausdampfen lassen und mit 25 g Butter stampfen. Dann nur noch 75 ml heiße Milch unterrühren und salzen, fertig. Dazu gibt's …

Teriyaki-Böhnchen

Für 2 Portionen

250 g **TK-Brechbohnen** in wenig Wasser zum Kochen bringen, salzen und in 6–7 Min. gar kochen. In ein Sieb abgießen, kalt abschrecken und in einer Salatschleuder trocken schleudern. 100 g **Räuchertofu** klein würfeln. 1 EL **Öl** in einer Pfanne erhitzen. Darin den Tofu bei mittlerer Hitze rundherum anbraten. Bohnen und 1 EL **Sesam** dazugeben und 1–2 Min. mitbraten. Mit 2 EL **Teriyakisauce** (Achtung: enthält Alkohol!, ersatzweise 1 ½ EL Sojasauce, verrührt mit ½ EL Honig) und ½ EL **Zitronensaft** ablöschen und kurz köcheln lassen. Mit wenig **Salz**, **Pfeffer** und nach Belieben noch etwas **Teriyakisauce** und **Zitronensaft** abschmecken. Wer mag, würzt das Ganze noch mit 1–2 TL geröstetem **Sesamöl**. Mit dem Püree auf Tellern anrichten.

Rahmpilze

Für 2 Portionen

250 g **Egerlinge** (ersatzweise Champignons) putzen und in dünne Scheiben schneiden. In einer Pfanne 1 EL **Olivenöl** erhitzen. Darin die Pilze zugedeckt bei mittlerer Hitze 4–5 Min. anbraten, dabei hin und wieder umrühren. 2 **Frühlingszwiebeln** putzen, waschen und in feine Ringe schneiden. Mit ½ EL **TK-Knoblauch-Duo** (nach Belieben) zu den Pilzen geben und 1–2 Min. mitbraten. Mit ½ EL **Aceto balsamico** ablöschen und mit **Salz** und **Pfeffer** würzen. 50 g **Crème fraîche** und 50 ml **Gemüsebrühe** angießen und die Sauce in 1–2 Min. dicklich einkochen lassen. Mit **Salz**, **Pfeffer**, **Aceto balsamico** und 1 Prise **Zucker** abschmecken. Mit dem Püree auf Tellern anrichten.

4 × Küchlein aus der Pfanne …

Hirsetaler

Für 2 Portionen

75 g **Zucchini** waschen, putzen, grob raspeln. ½ Dose **Mais** (75 g) abtropfen lassen, mit 200 ml **Gemüsebrühe** und Zucchini in einem Topf aufkochen. 100 g **Hirseflocken** unterrühren und 1 Min. köcheln lassen, dann vom Herd nehmen und zugedeckt 10 Min. quellen lassen. 125 g **Möhren** schälen und fein reiben. Mit 2 TL **Zitronensaft** und 250 g **Sahnejoghurt** verrühren. Mit **Salz**, etwas **Zitronensaft** und ¼ TL **Honig** abschmecken. 1 **Ei** (S) unter die Hirsemasse rühren, salzen, pfeffern. Aus der Hirsemasse 12 Taler formen. ½ EL **Öl** in einer großen Pfannen erhitzen und 6 Taler bei mittlerer Hitze in 10–12 Min. knusprig braun braten, dabei zweimal wenden. Auf Küchenpapier entfetten. Mit dem Möhrenjoghurt servieren.

Spinatpfannkuchen

Für 2 Portionen

65 g **Mehl** und 90 ml **Milch** glatt mixen. 2 **Eier** (M) und 100 g **TK-Blattspinat** dazugeben, salzen, alles pürieren und 10 Min. quellen lassen. 125 g **Kirschtomaten** waschen und halbieren. Mit 1 EL **Aceto balsamico** und ½ EL **Olivenöl** vermischen, **salzen**, **pfeffern**. In einem Topf weitere 125 g aufgetauten **TK-Blattspinat** erhitzen, austretende Flüssigkeit abgießen. Den Spinat mit 25 g **Crème fraîche** verrühren, **salzen**, **pfeffern**, warm halten. In einer Pfanne ½ EL Öl erhitzen und ein Viertel des Teigs darin verteilen. Bei mittlerer Hitze zugedeckt 4–5 Min. backen, wenden, mit je 30 g **Reibekäse** und der Hälfte des Rahmspinats belegen. In 4 Min. fertig backen. Je die Hälfte der Tomaten und Kresse darüberstreuen. Die übrigen Pfannkuchen genauso zubereiten.

…, die mit allerlei Gemüse im Gepäck mal soft, mal knusprig daherkommen und vor allem eins versprechen: jede Menge Genuss!

Kartoffelburger

Für 2 Portionen

600 g festkochende **Kartoffeln** schälen, fein reiben, mit etwas Druck die Flüssigkeit herauspressen. 1 **Ei** (M) und 40 g **Mehl** untermischen, mit **Salz** und **Pfeffer** würzen. Aus der Kartoffelmasse 4 Küchlein formen. 1 EL **Öl** in einer großen Pfanne erhitzen. Darin 4 Küchlein bei mittlerer Hitze in 10–12 Min. knusprig braten, zweimal wenden. 30 g **Salat-Mix** waschen, trocken schleudern. 80 g **Salatgurke** und 1 **Tomate** waschen, Tomaten von den Stielansätzen befreien, beides in dünne Scheiben schneiden. Auf zwei Teller je 1 Küchlein legen und mit je 1 Scheibe **gekochtem Schinken** sowie den Tomaten- und Gurkenscheiben belegen. 100 g **Kräuterquark** und den Salat-Mix darauf verteilen. Die übrigen Küchlein auflegen.

Süßkartoffel-Falafel-Taler

Für 2 Portionen

Am Vortag 100 g getrocknete **Kichererbsen** in reichlich Wasser über Nacht einweichen, dann am nächsten Tag in ein Sieb abgießen und abtropfen lassen. 1 **Knoblauchzehe** schälen und grob würfeln. 100 g **Süßkartoffel** schälen, eine Hälfte klein würfeln, die andere fein reiben. Die Kichererbsen mit den Süßkartoffelwürfeln, Knoblauch, 1 EL **TK-Petersilie**, 1 ½ EL **Zitronensaft**, 1 TL **Currypulver** und ½ TL **Honig** mit einem Pürierstab fein pürieren. Die Kartoffelraspel untermischen. Die Falafelmasse mit **Salz** und **Pfeffer** würzen und zu 4 Talern formen. In einer großen, tiefen Pfanne Öl (2 cm hoch) erhitzen. Darin die Taler bei mittlerer Hitze auf beiden Seiten in je 3–4 Min. knusprig braten. Auf Küchenpapier entfetten. Mit einem Joghurt-Dip und Salat servieren.

Putengyros & Co.

2 Portionen • Zubereitungszeit 25 Min.

Zutaten

400 g Chinakohl
1 ½ Knoblauchzehen
3 EL Aceto balsamico bianco (Apfel-Balsamico wäre der Hit!)
3 ½ EL Olivenöl
½ EL Honig
1 ½ EL TK-Dill (nach Belieben)
Salz | Pfeffer
500 g Putenschnitzel
1 EL getrockneter Oregano
½ TL edelsüßes Paprikapulver
60 g kleine kernlose Weintrauben
125 g Zaziki (Fertigprodukt)

1 Den Chinakohl waschen, putzen und in sehr dünne Streifen schneiden. ½ Knoblauchzehe schälen und dazupressen. Essig, 1 ½ EL Olivenöl, Honig und nach Belieben den Dill dazugeben. Mit Salz und Pfeffer würzen. Den Salat mit den Händen kurz durchkneten.

2 Die Putenschnitzel abbrausen, trocken tupfen und in dünne Streifen schneiden. Den übrigen Knoblauch schälen und zum Fleisch pressen. 1 EL Olivenöl, Oregano und Paprikapulver dazugeben und alles gründlich vermengen.

3 Das restliche Olivenöl in zwei großen Pfannen erhitzen. Die Fleischstreifen darin in ca. 8 Min. goldbraun braten. Mit Salz und Pfeffer würzen. Die Hälfte des Gyros warm halten, die andere Hälfte auskühlen lassen.

4 Die Weintrauben waschen, von den Stielen zupfen und unter die Hälfte des Salats mischen. Den Trauben-Kohl-Salat mit dem warmen Gyros, Zaziki sowie nach Belieben mit Reis servieren.

Ich lerne Gr
MÁLISTA
KALIMÉRA
KALISPÉRA
KALINÍCHTA
JA SOU
TI KÁNIS?
ÍSSE KALÁ?
PINÁO
DIPSCHÁO
POLÍ ORÉO
EFHARISTO
= Danke
= Ein Ouzo
= Prost
= Die Rechnun
= Bitte
= Ich liebe Dich
= Du gefällst mir
= Auf Wiedersehen
Juli
17
Monta

Leberkäseburger

2 Portionen • Zubereitungszeit 25 Min.

Zutaten

120 g Krautsalat (aus dem Kühlregal)
100 g dänischer Gurkensalat (aus dem Glas)
3 EL süßer Senf
3 EL saure Sahne
4 große Salatblätter
4 weiche Laugenbrötchen (ersatzweise Burger-Brötchen, Buns)
1 EL Öl
4 Scheiben Leberkäse (à 100 g)
4 Eier (M)
2 EL Röstzwiebeln (Fertigprodukt)

1 Kraut- und Gurkensalat jeweils in einem Sieb abtropfen lassen. Den Senf und die saure Sahne verrühren. Die Salatblätter abbrausen und trocken tupfen. Die Brötchen aufschneiden und nach Belieben im Toaster oder auf dem Grill kurz anrösten.

2 In zwei beschichteten Pfannen je ½ EL Öl erhitzen und den Leberkäse darin auf beiden Seiten kurz anbraten, bis er ganz leicht gebräunt ist.

3 Die Eier in die Pfanne schlagen und bei mittlerer Hitze braten, bis die Unterseite gestockt ist. Dann wenden und fertig braten: nur kurz, damit das Eigelb im Inneren noch flüssig ist, oder noch ein bisschen länger, damit es ganz gestockt ist.

4 Alle Brötchenhälften mit dem Senfschmand bestreichen. Dann die unteren Hälften mit Salatblättern, Krautsalat, Leberkäse und dem Gurkensalat belegen. Die Eier darauflegen und die Röstzwiebeln darauf verteilen. Die oberen Brötchenhälften auflegen und die Burger servieren.

Lammkoteletts mit Honig

2 Portionen • Zubereitungszeit 15 Min.

Zutaten

4 Lammkoteletts
(je etwa 100 g)
Salz | Pfeffer
1 Knoblauchzehe
1 EL Öl
1 EL Honig
3 EL Sojasauce
3 EL Gemüsebrühe
2 EL Orangensaft
1 TL Zitronensaft
1 TL getrockneter Thymian

1 Die Lammkoteletts abbrausen und eventuell vorhandene kleine Knochensplitter entfernen. Die Koteletts mit Küchenpapier trocken tupfen und auf beiden Seiten salzen und pfeffern. Den Knoblauch schälen und fein hacken.

2 Das Öl in einer beschichteten Pfanne erhitzen. Die Koteletts darin bei mittlerer Hitze auf beiden Seiten je 2–3 Min. braten. Die Koteletts aus der Pfanne nehmen, in Alufolie wickeln und beiseitelegen.

3 Den Knoblauch in das Bratfett in der Pfanne geben, 1 Min. andünsten. Honig, Sojasauce, Gemüsebrühe, Orangensaft, Zitronensaft und Thymian dazugeben, alles gründlich verrühren und bei schwacher Hitze 1–2 Min. köcheln lassen.

4 Die Sauce mit Salz und Pfeffer abschmecken. Die Koteletts samt angesammeltem Bratensaft dazugeben, weitere 3–4 Min. köcheln lassen, dabei das Fleisch einmal wenden. Die Lammkoteletts mit der Honigsauce servieren.

Palermo-Schnitzel

2 Portionen • Zubereitungszeit 20 Min.

Zutaten

2 dünne Kalbsschnitzel (je etwa 120 g, am besten an der Fleischtheke mit der Maschine schneiden lassen)
Salz | Pfeffer
2 Handvoll Rucola
4 Kirschtomaten
2 EL Olivenöl
2 EL Balsamico-Creme
2 EL geriebener Parmesan (oder noch besser: frisch gehobelte Parmesanspäne)

1 Die Kalbsschnitzel mit Küchenpapier trocken tupfen, auf beiden Seiten mit Salz und Pfeffer würzen. Den Rucola putzen, waschen und trocken schütteln. Die Kirschtomaten waschen und in dünne Scheiben schneiden.

2 In einer großen beschichteten Pfanne 1 EL Olivenöl erhitzen. Die Kalbsschnitzel darin bei mittlere Hitze auf jeder Seite in 3–4 Min. goldbraun braten. Aus der Pfanne nehmen und auf zwei vorgewärmten großen Tellern anrichten.

3 Die Kalbsschnitzel mit Rucola und Tomaten belegen, mit dem restlichen Olivenöl und der Balsamico-Creme beträufeln. Mit dem Parmesan bestreuen, nach Belieben noch leicht salzen und pfeffern. Servieren.

Französisches Filetragout

2 Portionen • Zubereitungszeit 25 Min.

Zutaten

1 Knoblauchzehe
1 Stück Ingwer (etwa 1 cm)
100 g Schalotten
250 g Schweinefilet
1 EL Öl
120 ml Gemüsebrühe
1 TL getrockneter Thymian
1 Lorbeerblatt
1 Msp. gemahlene Nelken
2–3 Prisen frisch geriebene Muskatnuss
2 EL Crème double
Salz
Cayennepfeffer
1–2 TL Zitronensaft (nach Belieben)

1 Knoblauch und Ingwer schälen und fein hacken. Die Schalotten schälen und längs vierteln. Das Schweinefilet mit Küchenpapier trocken tupfen, Haut und Sehnen entfernen. Das Fleisch zuerst quer in dünne Scheiben, dann in feine Streifen schneiden.

2 Das Öl in einer beschichteten Pfanne erhitzen. Darin das Schweinefilet mit Knoblauch, Ingwer und Schalotten unter Rühren bei mittlerer Hitze 3–4 Min. anbraten.

3 Die Gemüsebrühe mit Thymian, Lorbeerblatt, gemahlenen Nelken und Muskat dazugeben. Alles 4–5 Min. weiterköcheln lassen, bis das Fleisch gar ist.

4 Die Crème double untermischen, das Ragout mit Salz, Cayennepfeffer und, nach Belieben, Zitronensaft abschmecken. Weitere 2–3 Min. köcheln lassen, dann sofort servieren.

4 × schnelle Hamburger …

mit Lauch

Für 2 Portionen

1 **Knoblauchzehe** schälen, fein hacken. 50 g **Lauch** putzen, waschen und in dünne Streifen schneiden. Beides mit 250 g gemischtem **Hackfleisch**, 1 **Eigelb** (M), 2 EL **Sahne**, 1 EL **Sojasauce**, je 2–3 Msp. **Salz** und **Pfeffer** und 1 TL getrocknetem **Oregano** vermengen. Mit angefeuchteten Händen 2 große Fleischburger formen. 2 EL **Öl** in einer beschichteten Pfanne erhitzen und die Burger darin auf jeder Seite bei mittlerer Hitze in 6–8 Min. knusprig braun braten.

mit Kräutern

Für 2 Portionen

250 g **Rinderhackfleisch** mit **1 Ei** (M), je 2 EL **TK-Schnittlauchröllchen** und **TK-Petersilie**, 1 EL **Dijon-Senf**, 1 TL getrocknetem **Oregano**, 2–3 EL **Paniermehl**, ½ TL **Salz** und je 3–4 Prisen **Pfeffer**, frisch geriebener **Muskatnuss** und edelsüßem **Paprikapulver** vermengen. Mit angefeuchteten Händen 2 große Fleischburger formen. 2 EL **Öl** in einer beschichteten Pfanne erhitzen und die Burger darin auf jeder Seite bei mittlerer Hitze in 6–8 Min. knusprig braun braten.

… immer lecker. Für jedes Rezept 2 Burger-Brötchen (Fertigprodukt) aufschneiden und auf dem Toaster-Aufsatz oder Grill leicht anrösten. Dann nur noch belegen, zusammenklappen, leicht andrücken und … reinbeißen.

mit Cashewnüssen

Für 2 Portionen

1 **Knoblauchzehe** und 1 Stück **Ingwer** (1 cm) schälen, mit 60 g gerösteten **Cashewnüssen**, 2 EL süßscharfer **Chilisauce** und 2 EL **Kokosmilch** im elektrischen Blitzhacker mittelfein zerkleinern. Mit 250 g **Rinderhackfleisch**, 1 **Eigelb** (M), ½ TL **Salz** und 3–4 Prisen **Cayennepfeffer** vermengen. Mit angefeuchteten Händen 2 große Fleischburger formen. 2 EL **Öl** in einer beschichteten Pfanne erhitzen. Die Burger darin auf jeder Seite bei mittlerer Hitze in 6–8 Min. knusprig braun braten.

mit Tabasco

Für 2 Portionen

2 **Knoblauchzehen** schälen, fein hacken. Mit 250 g **Schweinehackfleisch**, 1 TL getrocknetem **Oregano**, 3 EL **TK-8-Kräuter-Mischung**, 1 EL **Balsamico Creme**, 1 **Ei** (M), 3–4 EL gemahlenen **Mandeln**, ½ TL **Salz** sowie etwas **Tabasco** und **Cayennepfeffer** vermengen. Mit angefeuchteten Händen 2 große Fleischburger formen. 2 EL **Öl** in einer beschichteten Pfanne erhitzen. Die Burger darin auf jeder Seite bei mittlerer Hitze in 6–8 Min. knusprig braun braten.

Indischer Kokosfisch

2 Portionen • Zubereitungszeit 20 Min.

Zutaten

2 weißfleischige Seefischfilets (je 120–150 g, z. B. Seebarsch oder Steinbeißer)
Salz | Pfeffer
200 ml Kokosmilch
1 Knoblauchzehe
1 kleine getrocknete Peperoni
je 3–4 Prisen Kurkumapulver, gemahlener Kreuzkümmel und Koriander
1 TL gekörnte Gemüsebrühe
1 EL Öl
1–2 TL Limettensaft

1 Die Fischfilets mit Küchenpapier trocken tupfen, eventuell vorhandene Gräten entfernen. Den Fisch auf beiden Seiten salzen und pfeffern.

2 Die Kokosmilch in einem kleinen Topf erhitzen. Den Knoblauch schälen und fein hacken. Die Peperoni mit den Fingern fein zerbröseln.

3 Knoblauch und Peperoni mit Kurkuma, Kreuzkümmel, Koriander und der gekörnten Gemüsebrühe zur Kokosmilch geben. Die Sauce bei schwacher Hitze 6–8 Min. köcheln lassen.

4 Inzwischen das Öl in einer beschichteten Pfanne erhitzen. Darin die Fischfilets bei mittlerer Hitze auf jeder Seite in 3–4 Min. goldbraun braten.

5 Die Sauce mit Salz, Pfeffer und Limettensaft abschmecken. Den gebratenen Fisch mit der Kokossauce servieren.

Fischfilet mit Limettensahne

2 Portionen • Zubereitungszeit 25 Min.

Zutaten

2 Fischfilets (je 120–150 g, z. B. Zander oder Heilbutt)
Salz | Pfeffer
4 Frühlingszwiebeln
1 Stück Ingwer (etwa 1 cm)
2 EL Butter
100 ml Fischfond (aus dem Glas)
2 EL Sahne
2 EL Crème fraîche
1 TL abgeriebene Bio-Limettenschale
1–2 TL Limettensaft
1 TL gekörnte Gemüsebrühe
1 TL Öl
2 EL TK-Petersilie

1 Die Fischfilets mit Küchenpapier trocken tupfen, eventuell vorhandene Gräten entfernen. Den Fisch auf beiden Seiten salzen und pfeffern.

2 Die Frühlingszwiebeln waschen, putzen und in dünne Ringe schneiden. Den Ingwer schälen und fein hacken. 1 EL Butter in einem kleinen Topf erhitzen, Frühlingszwiebeln und Ingwer darin bei mittlerer Hitze andünsten.

3 Fischfond, Sahne, Crème fraîche, Limettenschale, Limettensaft und die gekörnte Brühe dazugeben, alles gut verrühren und 5–6 Min. köcheln lassen.

4 Inzwischen die restliche Butter mit dem Öl in einer beschichteten Pfanne erhitzen. Darin die Fischfilets bei mittlerer Hitze auf jeder Seite in 3–4 Min. goldbraun braten.

5 Die Limettensahne mit Salz und Pfeffer abschmecken. Den Fisch mit der Limettensahne auf Tellern anrichten, mit der Petersilie bestreuen und servieren.

Thymianfisch mit Tomaten-Mix

2 Portionen • Zubereitungszeit 20 Min.

Zutaten

2 weißfleischige Seefischfilets (je 120–150 g, z. B. Seebarsch oder Steinbeißer)
Salz | Pfeffer
2 TL getrockneter Thymian
250 g Kirschtomaten
2 Frühlingszwiebeln
1 Knoblauchzehe
½ Handvoll Basilikumblättchen
2 TL kleine Kapern
2 EL Aceto balsamico
3 EL Olivenöl
2 EL TK-Petersilie

1 Die Fischfilets mit Küchenpapier trocken tupfen, eventuell vorhandene Gräten entfernen. Den Fisch auf beiden Seiten salzen, pfeffern und mit dem Thymian bestreuen.

2 Die Kirschtomaten waschen und in dünne Scheiben schneiden. Die Frühlingszwiebeln waschen, putzen und in dünne Ringe schneiden. Die Knoblauchzehe schälen und fein hacken. Die Basilikumblättchen ebenfalls fein hacken.

3 Tomaten, Frühlingszwiebeln, Knoblauch und Basilikum mit Kapern, Aceto balsamico und 2 EL Olivenöl in einer Schüssel vermischen. Den Mix mit Salz und Pfeffer abschmecken.

4 Das übrige Olivenöl in einer beschichteten Pfanne erhitzen. Die Fischfilets darin bei mittlerer Hitze auf jeder Seite in 3–4 Min. goldbraun braten. Mit dem Tomaten-Mix servieren.

4 × schneller Fischsnack …

mit Matjes

Für 2 Portionen

4 **Matjesfilets** (200 g) abbrausen und trocken tupfen, schräg halbieren und auf zwei Teller verteilen. 1 kleine **Zwiebel** schälen, halbieren, in dünne Streifen schneiden. ½ **Apfel** waschen, vierteln und entkernen, die Apfelviertel quer in dünne Scheiben schneiden. 2 **Essiggurken** ebenfalls quer in dünne Scheiben schneiden. Je 2 EL **Schmand** und **saure Sahne** mit 1–2 TL **Aceto balsamico bianco** verrühren, mit **Salz**, **Pfeffer** und 1–2 Prisen **Zucker** abschmecken. Schmand, Zwiebel, Apfel, Gurken und Matjes anrichten.

mit Räucherforelle

Für 2 Portionen

2 geräucherte **Forellenfilets** (125 g) trocken tupfen und in ganz kleine Würfel schneiden. 2 **Essiggurken** längs halbieren und dann quer in dünne Scheiben schneiden. Den Fisch und die Gurken mit 1 EL kleinen **Kapern**, je 2 EL **Schnittlauchröllchen**, **Petersilie** (TK-Ware geht auch) und **Olivenöl** und 1–2 TL **Limettensaft** vermengen. Mit **Salz** und **Pfeffer** abschmecken.

... für den kleinen Hunger zwischendurch. Auch schön als Bürosnack, zum Picknick und fürs Partybüfett. Am besten mit Baguette, Sandwichtoast, Ciabatta, Vollkornbrot oder Pumpernickel-Talern servieren.

mit Shrimps

Für 2 Portionen

1 Dose kleine **braune Bohnen** (z.B. Borlotti, Abtropfgewicht 240 g) in ein Sieb abgießen, abbrausen und abtropfen lassen. 8 **Kirschtomaten** waschen und vierteln. 1 **Knoblauchzehe** schälen, fein hacken. 1 Stange **Staudensellerie** waschen, putzen und in ganz dünne Scheiben schneiden. Alles mit 100 g aufgetauten geschälten **Shrimps** (TK-Shrimps vorher auftauen) in eine Schüssel geben. Mit 2–3 EL **Olivenöl**, 1 EL **Aceto balsamico** und nach Belieben 1 TL **Zitronensaft** vermischen. Mit **Salz** und **Pfeffer** kräftig abschmecken.

mit Räucherlachs

Für 2 Portionen

2 **Sardellenfilets** (in Öl, aus dem Glas) kurz abtropfen lassen und ganz fein hacken. 1 **Knoblauchzehe** schälen und fein hacken. Beides mit je 2 EL **TK-Petersilie**, **Mayonnaise** und **saurer Sahne** vermischen. Den Dip mit 1 TL **Aceto balsamico bianco**, **Salz**, **Pfeffer** und 1 Prise **Zucker** abschmecken. 2 Handvoll **Rucola** putzen, waschen, trocken schleudern und auf einer Servierplatte verteilen. 80 g **Räucherlachs** (in Scheiben) auf dem Rucola anrichten. Zusammen mit dem Sardellendip servieren.

Lachsfilet mit Rote-Bete-Salsa

2 Portionen • Zubereitungszeit 20 Min.

Zutaten

2 Wildlachsfilets (je 120–150 g, ersatzweise ein anderes Fischfilet)
Salz | Pfeffer
100 g geröstete, gehäutete Paprika (aus dem Glas)
100 g vorgegarte Rote Bete (vakuumverpackt)
2 Frühlingszwiebeln
2 TL kleine Kapern
1 TL abgeriebene Bio-Zitronenschale
1 EL Zitronensaft
2 EL TK-Dill
3 EL Öl

1. Die Fischfilets mit Küchenpapier trocken tupfen, eventuell vorhandene Gräten entfernen. Den Fisch auf beiden Seiten salzen und pfeffern.

2. Die gerösteten Paprika und die Rote Bete auf Küchenpapier kurz abtropfen lassen, dann fein würfeln. Frühlingszwiebeln waschen, putzen und in dünne Ringe schneiden. Alles mit Kapern, Zitronenschale, Zitronensaft, dem Dill und 2 EL Öl in einer Schüssel vermischen. Die Salsa mit Salz und Pfeffer würzen.

3. In einer beschichteten Pfanne das übrige Öl erhitzen. Die Fischfilets darin bei mittlerer Hitze auf jeder Seite in 3–4 Min. goldbraun braten. Mit der Rote-Bete-Salsa servieren.

Grillen
Fleisch, Fisch & Vegetarisches

Bratwurstspieße

2 Portionen • Zubereitungszeit 35 Min. • Grillen 12 Min.

Zutaten

25 g weiche Butter
1 EL Olivenöl
1–2 Knoblauchzehen
Salz | Pfeffer
je ½ große rote und grüne Paprikaschote
2 Scheiben Toastbrot (vom Vortag)
1 helle Schweinsbratwurst (etwa 75 g)
2 rote Rindsbratwürste (je etwa 75 g)

Außerdem:
4 lange Metallspieße
Öl zum Bestreichen

1 Die Butter und das Olivenöl in eine Schüssel geben und hellcremig rühren. Den Knoblauch schälen, sehr fein hacken und unter die Buttermischung rühren. Mit Salz und Pfeffer würzen. Die Knoblauchcreme kurz kühlen, sie soll aber streichfähig bleiben.

2 Von den Paprikahälften Samen und helle Trennwände entfernen. Die Schoten waschen und längs in 3 cm breite Streifen, dann diese in Quadrate schneiden. Die Paprikastücke in einer Schüssel mit Salz und Pfeffer vermischen.

3 Die Toastbrotscheiben entrinden. Die Hälfte der Scheiben mit Knoblauchcreme bestreichen, die unbestrichenen Scheiben darauflegen und leicht andrücken. Danach die »Sandwiches« in 3–4 cm große Quadrate schneiden.

4 Den Grill anheizen. Die Bratwürste in 3 cm lange Stücke schneiden. Die Metallspieße ölen und abwechselnd Sandwichecken, Paprikastücke, helle und rote Bratwurststücke aufstecken.

5 Den Grillrost heiß werden lassen, leicht ölen. Die Bratwurstspieße mit Öl bestreichen, auf den Rost legen und bei mittlerer Hitze 10–12 Min. grillen, bis sie schön gebräunt und knusprig sind. Dabei ab und zu wenden und mit Öl bestreichen. Die Bratwurstspieße am besten mit scharfer Sauce, scharfem Senf oder Ketchup servieren.

Currywurst mit Sauce

2 Portionen • Zubereitungszeit 25 Min. • Grillen 12 Min.

Zutaten

½ Zwiebel | 1 EL Zucker
25 g Tomatenmark
50 ml Apfelsaft
½ EL Worcestersauce
2 EL mildes Currypulver
1 TL edelsüßes Paprikapulver
¼ TL rosenscharfes Paprikapulver
½ Prise Chilipulver
Salz | Pfeffer
4 dicke, frische Rostbratwürste (je etwa 100 g)

Außerdem:
Öl zum Bestreichen

1 Für die Sauce die Zwiebel schälen und fein würfeln. Den Zucker in einen Topf streuen und erhitzen, bis er schmilzt. Die Zwiebelwürfel darin sanft andünsten und bräunen. Das Tomatenmark einrühren und 50 ml Wasser und den Apfelsaft dazugießen, aufkochen lassen. Den Topf vom Herd nehmen und die Sauce mit Worcestersauce, 1 EL Currypulver, beiden Paprikasorten, Chilipulver, Salz und Pfeffer abschmecken. Beiseitestellen.

2 Den Grill anheizen. Die Haut der Bratwürste mit einem scharfen Messer leicht anritzen, damit die Würste beim Grillen nicht platzen. Den Grillrost heiß werden lassen, leicht ölen. Die Würste mit Öl bestreichen, auf den Rost legen und bei mittlerer Hitze 10–12 Min. grillen, dabei ab und zu wenden.

3 Die fertigen Würste auf Tellern in dicke Scheiben schneiden, mit Sauce übergießen und mit dem übrigen Currypulver bestreuen.

Toskanische Hacksteaks

2 Portionen • Zubereitungszeit 30 Min. • Grillen 16 Min.

Zutaten

250 g Rinder- oder Kalbs-hackfleisch
1 EL Ricotta
Salz | Pfeffer
je 1 Msp. getrockneter Thymian und Pfefferminze
4 frische Salbeiblätter
60 g Frühstücksspeck (Bacon)
1 EL Olivenöl
2 feste Tomaten

Außerdem:
Küchengarn
Öl zum Bestreichen

1 Das Hackfleisch mit Ricotta, Salz, Pfeffer und den getrockneten Kräutern in eine Schüssel geben und kräftig durchkneten. Die Hackmasse in 4 Portionen teilen und jeweils mit angefeuchteten Händen zu einem runden Steak (8 cm Ø) formen. Eine ausreichende Menge Küchengarn (etwa 1 m) in kaltes Wasser legen.

2 Die Salbeiblätter mit feuchtem Küchenpapier abreiben und auf jedes Steak 1 Blatt legen. Jeweils 2 Speckscheiben über Kreuz aufeinanderlegen, 1 Hacksteak in die Mitte setzen und in die Speckscheiben einpacken. Mit Küchengarn zu Päckchen verschnüren und mit etwas Olivenöl bestreichen.

3 Grill anheizen. Tomaten waschen und quer halbieren, Schnittflächen salzen und pfeffern, mit übrigem Olivenöl bestreichen.

4 Den Grillrost heiß werden lassen, leicht ölen. Die Steaks auf den Rost legen und bei mittlerer Hitze pro Seite 7–8 Min. grillen. Zugleich am Rand des Grillrosts die Tomaten erst auf den Schnittflächen, dann auch auf der Hautseite grillen, bis sie schön gebräunt sind. Servieren.

Scharfe Hähnchenschenkel

2 Portionen • Zubereitungszeit 30 Min. • Marinieren 6 Std. • Grillen 35 Min.

Zutaten

2 Hähnchenschenkel (je etwa 250 g)
1 große rote Chilischote
1 Frühlingszwiebel
1 Stück Ingwer (etwa 1,5 cm)
2 Knoblauchzehen
1 EL grobkörniger Senf
1 TL Rohrzucker
½ TL gemahlener Piment
¼ TL Zimtpulver
2 EL Olivenöl
1 EL Limettensaft
1 EL brauner Rum
Salz | Pfeffer

Außerdem:
Öl zum Bestreichen

1 Die Haut der Hähnchenschenkel vorsichtig etwas abheben und mit dem Finger oder einem Kochlöffelstiel darunterfahren, bis sie sich vom Fleisch löst.

2 Die Chilischote entstielen und längs aufschlitzen, Samen und helle Trennwände entfernen (sehr scharf, eventuell mit Einweghandschuhen arbeiten). Die Schote waschen und klein schneiden. Die Frühlingszwiebel waschen, putzen und die hellen Abschnitte grob hacken. Ingwer und Knoblauch schälen und klein würfeln. Alles mit Senf, Zucker, Piment, Zimt, Olivenöl, Limettensaft und Rum im Mixer oder mit dem Pürierstab glatt mixen. Die Chilisauce mit Salz und Pfeffer abschmecken.

3 Die Hälfte der Chilisauce in den Kühlschrank stellen. Mit der restlichen Sauce die Hähnchenschenkel erst unter der Haut einstreichen, dann die Schenkel rundherum mit Sauce bepinseln. Abgedeckt 4–6 Std. im Kühlschrank marinieren.

4 Dann den Grill anheizen. Den Grillrost heiß werden lassen, gut ölen. Die Hähnchenschenkel auf den Rost legen und bei mittlerer Hitze pro Seite 12–15 Min. grillen, bis sie rundherum gut gebräunt sind. Nun den Rost hoch über die Glut hängen und die Schenkel 5 Min. nachziehen lassen. Mit der restlichen Chilisauce servieren.

Würzige Fischspieße

2 Portionen • Zubereitungszeit 30 Min. • Marinieren 30 Min. • Grillen 10 Min.

Zutaten

400 g festfleischiges Fischfilet (z. B. Seelachs, Wels, Catfisch)
1 Limette
1 Knoblauchzehe
½ rote Chilischote
2 EL Sonnenblumenöl
125 g Kirschtomaten
4 Kapernbeeren (aus dem Glas)
Salz | Pfeffer
einige Zitronenschnitze zum Garnieren

Außerdem:
4 lange Metallspieße
Öl zum Bestreichen

1. Den Fisch in 3 cm große Würfel schneiden und in eine Schale geben. Limette auspressen und Saft über die Fischwürfel gießen.

2. Den Knoblauch schälen. Die Chilischote entstielen und längs aufschlitzen, Samen und helle Trennwände entfernen. Die Schote waschen, in grobe Stücke schneiden und mit dem Knoblauch im Mörser zerdrücken. Mit dem Öl unter die Fischwürfel mischen. Abgedeckt etwa 30 Min. im Kühlschrank marinieren.

3. Dann den Grill anheizen. Die Kirschtomaten waschen. Die Kapernbeeren entstielen und die Beeren längs halbieren. Die Metallspieße ölen. Die Fischwürfel abtropfen lassen, dabei die Marinade auffangen. Abwechselnd Fisch, Kirschtomaten und Kapernbeeren auf die Spieße stecken.

4. Den Grillrost heiß werden lassen, gut ölen. Die Spieße auf den Rost legen und bei mittlerer Hitze rundherum etwa 10 Min. grillen, dabei ab und zu mit der Marinade bestreichen. Die Fischspieße mit Salz und Pfeffer würzen und auf Teller verteilen. Mit den Zitronenschnitzen garnieren und servieren.

Garnelen mit grüner Sauce

2 Portionen • Zubereitungszeit 30 Min. • Marinieren 30 Min. • Grillen 4 Min.

Zutaten

4 TK-Garnelenspieße
1 große Knoblauchzehe
¼ TL getrockneter Thymian
4 EL Olivenöl
Salz | Pfeffer
½ Bund Petersilie
3 grüne Oliven (ohne Stein)
1–2 Bio-Limetten
½ EL Pinienkerne
½ EL Kapern
½ EL mittelscharfer Senf

Außerdem:
Öl zum Bestreichen

1 Die Garnelen langsam (möglichst im Kühlschrank) auftauen lassen. Den Knoblauch schälen und in eine große, flache Schale pressen, den Thymian dazubröseln. Mit 1 EL Olivenöl, etwas Salz und Pfeffer verrühren. Die Garnelenspieße darin wenden und abgedeckt 30 Min. im Kühlschrank marinieren. Die Petersilie abbrausen und trocken schütteln, die Blättchen abzupfen. Die Oliven grob zerkleinern. 1 Limette auspressen, den Saft mit Petersilie, Oliven, Pinienkernen, Kapern und Senf mit dem Pürierstab fein zerkleinern, dabei langsam das restliche Olivenöl dazulaufen lassen. Die Sauce mit Salz und Pfeffer abschmecken.

2 Den Grill anheizen. Nach Belieben die zweite Limette heiß waschen und achteln. Die Garnelenspieße abtropfen lassen (Marinade auffangen) und eventuell die Limettenstücke an die Enden der Garnelenspieße stecken.

3 Den Grillrost heiß werden lassen, gut ölen. Die Garnelenspieße auf den Rost legen und bei starker Hitze pro Seite 2 Min. grillen, dabei immer wieder mit der abgetropften Marinade bestreichen. Mit der grünen Sauce servieren.

Tintenfische mit Knoblauch

2 Portionen • Zubereitungszeit 30 Min. • Grillen 20 Min.

Zutaten

4 große Tintenfische (Sepien, küchenfertig, etwa 500 g, eventuell TK-Ware)
Salz
2–3 Knoblauchzehen
2 ½ EL Olivenöl
1 EL Zitronensaft
Pfeffer
1–2 Stiele Petersilie

Außerdem:
Öl zum Bestreichen

1 Für die Tintenfische reichlich Wasser aufkochen und salzen. Darin die Tintenfische etwa 1 Min. (tiefgekühlte Sepien 5 Min.) überbrühen. In ein Sieb abgießen und gut abtropfen lassen.

2 Den Knoblauch schälen und fein würfeln. In einem kleinen Pfännchen das Olivenöl erhitzen und darin den Knoblauch bei mittlerer Hitze hellbraun braten (vorsichtig, er verbrennt leicht). Das Pfännchen vom Herd nehmen und das Öl durch ein Sieb gießen. Die Knoblauchwürfel beiseitestellen.

3 Den Grill anheizen. Die Tintenfische mit Küchenpapier innen und außen sehr gut trocken tupfen. Das aromatisierte Olivenöl mit Zitronensaft, Salz und Pfeffer verrühren und die Sepien mit dem Würzöl rundherum einstreichen. Die Petersilie abbrausen und trocken schütteln, die Blättchen abzupfen und fein hacken.

4 Den Grillrost heiß werden lassen, leicht ölen. Die Tintenfische auf den Rost legen und bei nicht zu starker Hitze etwa 10 Min. pro Seite grillen, dabei ab und zu mit dem übrigen Würzöl bestreichen. Die Tintenfische auf Teller verteilen und mit den gerösteten Knoblauchwürfeln und der Petersilie bestreut servieren.

Marinierte Thunfischsteaks

2 Portionen • Zubereitungszeit 20 Min. • Marinieren 1 Std. • Grillen 6 Min.

Zutaten

2 Thunfischsteaks (je etwa 150 g, eventuell TK-Ware, möglichst mit Handleinen gefangener Echter Bonito oder Gelbflossen-Thunfisch)
½ TL grüne Pfefferkörner (aus dem Glas)
½ TL getrockneter Thymian
¼ TL gemahlener Kreuzkümmel
1 Msp. Cayennepfeffer
Salz
1 EL Olivenöl
1 TL Limettensaft

Außerdem:
Öl zum Bestreichen

1 Tiefgekühlte Thunfischsteaks im Kühlschrank (Gemüsefach) auftauen lassen. Für die Marinade die grünen Pfefferkörner mit Thymian, Kreuzkümmel, Cayennepfeffer und 1 Prise Salz im Mörser zerkleinern. Mit dem Olivenöl und dem Limettensaft verrühren.

2 Die Thunfischsteaks mit Küchenpapier trocken tupfen und rundherum mit der Marinade bestreichen. Abgedeckt 1 Std. im Kühlschrank durchziehen lassen.

3 Den Grill anheizen. Die Thunfischsteaks abtropfen lassen, die Marinade auffangen. Den Grillrost heiß werden lassen, gut ölen. Die Thunfischsteaks auf den Rost legen und bei starker Hitze pro Seite 2–3 Min. grillen, dabei immer wieder mit der Marinade bestreichen. Sofort servieren.

Tipp:

Statt mit einem Mörser können auf dem Campingplatz Kräuter und Gewürze auch prima mit einem sauberen Stein zermahlen werden.

Hamburger – das Original

2 Portionen • Zubereitungszeit 35 Min. • Kühlen 30 Min. • Grillen 6 Min.

Zutaten

250 g mageres Rinderhackfleisch
Salz | Pfeffer
2 Blätter Eisbergsalat
1 Tomate
1 milde Zwiebel
1 süßsaure Gewürzgurke
2 große Burger-Brötchen (Buns)
1–2 EL Tomatenketchup
1 EL Mayonnaise

Außerdem:
Öl zum Bestreichen

1 Das Hackfleisch in eine Schüssel geben, mit Salz und Pfeffer würzen und vorsichtig durchmischen. Das Hack in 2 Portionen teilen und zu flachen Hacksteaks (10 cm Ø) formen. Auf Backpapier legen und im Kühlschrank in etwa 30 Min. kalt werden oder leicht anfrieren lassen, sie halten dann beim Grillen besser zusammen.

2 Den Grill anheizen. Die Salatblätter waschen, trocken tupfen und in schmale Streifen schneiden. Die Tomate waschen und in Scheiben schneiden, dabei die Stielansätze entfernen. Die Zwiebeln schälen und in dünne Scheiben hobeln. Die Gewürzgurken in dünne Scheiben schneiden. Die Burger-Brötchen aufschneiden. Alles einschließlich Ketchup und Mayonnaise bereitstellen.

3 Den Grillrost heiß werden lassen, leicht ölen. Am Rand des Rosts die Burger-Brötchen leicht anrösten. Die angefrorenen Hacksteaks mit Öl bestreichen und in der Mitte des Grillrosts bei starker Hitze pro Seite 2–3 Min. grillen.

4 Die unteren Hälften der Buns mit Salatstreifen bestreuen, je 1 Hacksteak darauflegen, Tomaten, Gurken und Zwiebeln darüber verteilen. Ketchup und Mayonnaise daraufgeben und mit den oberen Bun-Hälften abdecken. Aus der Hand essen.

Hackbällchen-Tortillas

2 Portionen • Zubereitungszeit 45 Min. • Grillen 10 Min.

Zutaten

½ Zwiebel
1 Knoblauchzehe
300 g Rinderhackfleisch
1 Ei (S)
1 ½ EL Semmelbrösel
Salz | Pfeffer
je ¼ TL getrockneter Oregano, Kreuzkümmel- und Chilipulver
¼ Eisbergsalat
75 g Tomaten
½ grüne Paprika
100 g saure Sahne
2 Weizen-Tortillas

Außerdem:
2 Metallspieße
Öl zum Bestreichen

1 Zwiebel und Knoblauch schälen, fein hacken. Mit Hack, Ei und Semmelbröseln vermischen. Mit Salz, Pfeffer und Gewürzen pikant abschmecken. Abgedeckt in den Kühlschrank stellen. Den Salat waschen, trocken schleudern und in Streifen schneiden. Die Tomaten waschen und ohne Stielansätze klein würfeln. Die Paprika putzen, waschen und in dünne Streifen schneiden. Die Sahne mit etwas Salz würzen und glatt rühren.

2 Den Grill anheizen. Die Hackmasse zu etwa 4 cm großen Bällchen formen. Die Spieße ölen und die Hackbällchen aufstecken, mit Öl bestreichen. Den Grillrost heiß werden lassen, leicht ölen. Die Spieße auf den Rost legen und bei mittlerer Hitze rundherum in etwa 10 Min. goldbraun grillen. Die Tortillas kurz von beiden Seiten grillen, bis sie heiß sind.

3 Salat, Tomaten und Paprika auf den Tortillas verteilen, salzen und pfeffern. Die Hackbällchen von den Spießen auf das Gemüse streifen. Die Tortillas aufrollen.

Hähnchenbaguette

2 Portionen • Zubereitungszeit 30 Min. • Grillen 12 Min.

Zutaten

2 Hähnchenbrustfilets (je 125 g)
Salz | Pfeffer
je ½ rote und grüne Paprika
½ Knoblauchzehe
35 g Mayonnaise
1 EL Joghurt
½ TL spanisches Paprikapulver (Pimentón ahumado picante)
1 TL extrascharfer Senf
½ große Gemüsezwiebel
2 Mini-Baguettes

Außerdem:
Öl zum Bestreichen

1 Die Filets salzen, pfeffern und mit etwas Öl bestreichen. Abgedeckt in den Kühlschrank stellen. Die Paprikaschoten putzen, waschen, längs in 4 cm breite Spalten schneiden und ebenfalls salzen, pfeffern und einölen. Für die Sauce den Knoblauch schälen und zur Mayonnaise pressen. Mit Joghurt, Paprikapulver und Senf verrühren, eventuell mit Salz und Pfeffer abschmecken.

2 Den Grill anheizen. Die Gemüsezwiebel schälen, vierteln und in dünne Streifen schneiden. Den Grillrost heiß werden lassen, leicht ölen. Die Hähnchenfilets auf den Rost legen und bei mittlerer bis starker Hitze pro Seite 5–6 Min. grillen. Daneben die Paprikastücke auf beiden Seiten grillen, bis sie braune Stellen haben.

3 Die Baguettes aufschneiden und kurz auf dem Grill rösten. Mit den Hähnchenfilets belegen, darüber die gegrillten Paprikastücke und die rohen Zwiebelstreifen verteilen. Die Sauce darübergießen und die Baguettedeckel auflegen, servieren.

Grillgemüse mit Zitronenöl

2 Portionen • Zubereitungszeit 45 Min. • Grillen 20 Min.

Zutaten

1 kleine Aubergine
2 kleine Zucchini
½ große Knolle Fenchel
Salz
1 Bio-Zitrone
je 1 Msp. Koriander-, Kardamom- und Pimentpulver
Salz | Pfeffer
35 ml Olivenöl
½ Stiel Minze

Außerdem:
Öl zum Bestreichen

1 Das Gemüse waschen und putzen. Die Aubergine so schälen, dass immer ein Streifen Schale zurückbleibt, und in fingerdicke Scheiben schneiden. Die Zucchini der Länge nach halbieren. Von der Fenchelknolle die Stiele abschneiden. Die Knolle so durch den Strunk in ½ cm dicke Scheiben schneiden, dass diese nicht auseinanderfallen. Anschließend das Gemüse mit etwas Salz einreiben und auf Küchenpapier ausbreiten.

2 Für das Zitronenöl die Zitrone heiß waschen, abtrocknen und mit einem Zestenreißer etwa 1 TL feine Schalenstreifen abziehen oder mit einer Gemüsereibe die gleich Menge Schale fein abreiben. Die Zitrone auspressen. Die Gewürze mit Salz und Pfeffer mischen, dann mit Olivenöl, Zitronensaft und -schale verrühren. Die Minze abbrausen und trocken schütteln, die Blättchen abzupfen, grob schneiden und unters Zitronenöl mengen. Alles mit dem Pürierstab cremig mixen.

3 Den Grill anheizen. Das Gemüse mit Küchenpapier gut trocken tupfen, vorher eventuell waschen, um das überschüssige Salz zu entfernen. Das Gemüse mit etwas Zitronenöl bestreichen.

4 Den Grillrost heiß werden lassen, leicht ölen. Das Gemüse auf den Rost legen und bei starker Hitze pro Seite 7–10 Min. grillen, bis es schön gebräunt ist. Das Grillgemüse anrichten und mit der restlichen Zitronensauce beträufeln.

Gegrillte Süßkartoffeln

2 Portionen • Zubereitungszeit 30 Min. • Marinieren 30 Min. • Grillen 14 Min.

Zutaten

½ TL Korianderkörner
½ getrocknete Chilischote
je ½ TL getrockneter Thymian und Estragon
1 Knoblauchzehe
Salz | Pfeffer
2 EL Olivenöl
400 g Süßkartoffeln

Außerdem:
Öl zum Bestreichen

1 Für die Marinade die Korianderkörner mit der Chilischote im Mörser fein zerstoßen. Thymian und Estragon dazugeben und alles nochmals kurz verreiben. Den Knoblauch schälen und dazupressen, mit Salz und Pfeffer würzen. Das Olivenöl unterrühren.

2 Die Süßkartoffeln waschen, schälen und in etwa 2 cm dicke Scheiben schneiden. Mit etwas Gewürzmarinade bestreichen und abgedeckt für etwa 30 Min. marinieren.

3 Den Grill anheizen. Den Grillrost heiß werden lassen, leicht ölen. Die Süßkartoffelscheiben auf den Rost legen und bei mittlerer Hitze pro Seite etwa 7 Min. grillen. (Vorsicht, die Hitze darf nicht zu stark sein, sonst bräunen die Scheiben zu schnell und bleiben innen noch roh.) Die Scheiben vom Grill nehmen, mit der restlichen Marinade bestreichen und servieren.

Tipp:

Statt mit einem Mörser können auf dem Campingplatz Kräuter und Gewürze auch prima mit einem sauberen Stein zermahlen werden.

Zucchini-Ziegenkäse-Päckchen

2 Portionen • Zubereitungszeit 30 Min. • Grillen 12 Min.

Zutaten

250 g Zucchini
Salz
1 ½ EL Olivenöl
100 g Ziegenkäserolle (etwa 5 cm Ø, noch nicht zu weich)
1 ½ Zweige Thymian
Pfeffer

Außerdem:
Öl zum Bestreichen

1 Die Zucchini waschen, putzen und längs in etwa 3 mm dünne Scheiben schneiden. Die Scheiben mit ein wenig Salz einreiben und etwa 10 Min. ruhen und ziehen lassen. Dann die Zucchinischeiben mit Küchenpapier trocken tupfen.

2 In einer großen Pfanne ½ EL Olivenöl erhitzen. Darin die Zucchinischeiben auf jeder Seite etwa 2 Min. braten, bis sie weich sind, aber noch nicht bräunen. Abkühlen lassen. Den Ziegenkäse in 2 cm dicke Scheiben schneiden. Den Thymian abbrausen, trocken schütteln und die Blättchen abzupfen.

3 Je 2 Zucchinischeiben über Kreuz aufeinanderlegen und 1 Ziegenkäsescheibe in die Mitte setzen. Mit Thymian und Pfeffer bestreuen, mit etwas Olivenöl beträufeln. Überstehende Zucchinischeiben darüber zusammenlegen und fest andrücken.

4 Den Grill anheizen. Den Grillrost heiß werden lassen, leicht ölen. Die Zucchinipäckchen mit dem übrigen Olivenöl einpinseln und auf den Rost legen. Bei mittlerer Hitze pro Seite 3–5 Min. grillen, bis der Käse gerade weich wird. Sofort servieren.

Halloumi mit bunter Füllung

2 Portionen • Zubereitungszeit 30 Min. • Wässern 30 Min. • Grillen 10 Min.

Zutaten

2 Scheiben Halloumi (je 125 g, 2–3 cm dick)
3 grüne Grillpeperoni (Pimientos de Padrón)
2 getrocknete Tomaten (in Olivenöl)
35 g geräucherter Tofu
Salz | Pfeffer
einige Zitronenviertel zum Beträufeln

Außerdem:
Öl zum Bestreichen

1 Die Halloumi-Scheiben waschen und 30 Min. in kaltes Wasser legen, um den Salzgeschmack zu mildern. Dann die Käsescheiben mit Küchenpapier gut trocken tupfen und von der Seite her eine Tasche einschneiden.

2 Die Grillpeperoni putzen, waschen und in ½ cm breite Streifen schneiden. Die getrockneten Tomaten abtropfen lassen und in feine Streifen schneiden. Den Tofu ebenfalls in feine Streifen schneiden. Alles mischen, etwas Olivenöl von den getrockneten Tomaten dazugeben und die Füllung mit wenig Salz und Pfeffer würzen (der Halloumi ist schon sehr salzig).

3 Die Peperoni-Tofu-Mischung in die Taschen der Käsescheiben füllen. Die Öffnungen fest zudrücken und mit schräg eingesteckten Zahnstochern verschließen. Gut einölen.

4 Den Grill anheizen. Den Grillrost heiß werden lassen, gut ölen. Den gefüllten Halloumi auf den Rost legen und bei mittlerer Hitze pro Seite 5 Min. grillen, bis die Scheiben schön gebräunt sind. Sofort mit Zitronenvierteln zum Beträufeln servieren.

Gefüllter Tofu

2 Portionen • Zubereitungszeit 20 Min. • Grillen 5 Min.

Zutaten

3 eingelegte rote Chilischoten
3 Knoblauchzehen
1 Bund Koriandergrün
1 EL Honig
1 TL Ingwerpulver
2 EL Limettensaft
4 EL Öl
Salz | Pfeffer
300 g Tofu

Außerdem:
Öl zum Bestreichen

1. Für die Füllung die Chilischoten abtropfen lassen und in Ringe schneiden. Den Knoblauch schälen und in dünne Scheiben schneiden. Den Koriander waschen, trocken schütteln und die Blättchen abzupfen. Chili, Knoblauch und Koriander mit Honig, Ingwer, Limettensaft und Öl verrühren. Die Mischung mit Salz und Pfeffer würzen und etwa 5 Min. ziehen lassen.

2. Den Tofu in 6 etwa 1,5 cm dicke Scheiben à etwa 8 x 5 cm schneiden. Mit einem Messer eine Tasche einschneiden, sodass die Ränder an drei Seiten noch verbunden bleiben.

3. Den Tofu an den kurzen Seiten leicht zusammendrücken, sodass sich der Schnitt leicht öffnet. Die Füllung hineingeben. Den Tofu mit der restlichen Marinade bepinseln.

4. Den Grillrost heiß werden lassen, leicht ölen. Die Tofuscheiben auf dem heißen Grill von beiden Seiten goldbraun grillen. Mit Salz und Pfeffer würzen und servieren.

Polentaschnitten mit Pilzen

2 Portionen • Zubereitungszeit 20 Min. • Abkühlen 30 Min. • Grillen 15 Min.

Zutaten

150 ml Milch
150 ml Gemüsebrühe
1 EL Butter
Salz
frisch geriebene Muskatnuss
100 g Instant-Polenta
30 g geriebener Käse
(z. B. Emmentaler)
Pfeffer
125 g Champignons
4 eingelegte Artischockenherzen (aus dem Glas)
100 g Kirschtomaten
2 EL Aceto balsamico
2 EL Olivenöl
1 EL gemischte TK-Kräuter
1 EL eingelegte Kapern
1 Knoblauchzehe
50 g Kräuterbutter

Außerdem:
Öl zum Bestreichen

1 Milch, Brühe, Butter, 1 Prise Salz und etwas Muskatnuss aufkochen. Die Polenta einrieseln lassen und etwa 3 Min. rühren, bis die Masse cremig-fest geworden ist.

2 Den Käse einstreuen und gut unterrühren. Die Polentamasse mit Salz, Pfeffer und Muskat abschmecken. Die Masse in eine gefettete Auflaufform (etwa 20 x 20 cm) verteilen, glatt streichen und abkühlen lassen.

3 Die Pilze putzen und nach Belieben halbieren oder vierteln. Die Artischockenherzen abtropfen lassen und je nach Größe halbieren oder in Scheiben schneiden. Die Tomaten waschen und halbieren. Alles in einer Schüssel mit Essig, Öl, Kräutern und Kapern mischen. Den Knoblauch schälen und dazupressen. Das Gemüse mit Salz und Pfeffer würzen.

4 Das Gemüse auf zwei Streifen Alufolie geben, jeweils die Hälfte der Kräuterbutter auf jede Portion setzen. Die Alufolie gut verschließen. Den Grillrost heiß werden lassen, leicht ölen. Das Gemüse auf dem heißen Grill 10–15 Min. grillen, bis es gar ist. Die Polenta in Quadrate oder Rauten schneiden und auf dem heißen Grill von beiden Seiten goldbraun grillen. Die gegrillte Polenta mit dem Gemüse servieren.

4 × schnelle Grillsaucen …

Honig-Senf-Sauce

Für 2 Portionen

Je 2 EL körnigen **Senf** und **Salatmayonnaise**, 50 g **Crème fraîche** und 2 TL **Honig** verrühren. Nach Belieben 1 kleine **Knoblauchzehe** schälen und dazupressen. Die Sauce kurz durchziehen lassen. Mit 1 Prise **Cayennepfeffer** würzen und mit **Salz** und **Honig** abschmecken.

Tipp: Die Honig-Senf-Sauce passt nicht nur hervorragend zu gegrilltem Gemüse, wie Paprika oder Zucchini. Sie ist auch perfekt geeignet als Sandwich- oder Wrapsauce. Leicht verdünnt und mit etwas Essig abgeschmeckt, kann sie auch sehr gut als Salatdressing verwendet werden.

Scharfe Tomatensauce

Für 2 Portionen

200 g **Kirschtomaten** waschen und halbieren. 1 EL **Öl** in einer Pfanne erhitzen. 2 EL **TK-Zwiebeln** darin andünsten. Die **Tomaten** hinzufügen und kurz andünsten. 1 kleine **Knoblauchzehe** schälen, dazupressen und 2 Min. mitdünsten. Alles mit 1 Schuss **Weißwein** (ersatzweise Gemüsebrühe) ablöschen. Die Flüssigkeit etwas verköcheln lassen und vom Herd nehmen. 2 EL **Tomatenmark**, 1 EL **Honig** und 1 TL **scharfe Chilisauce** verrühren, dann unter die Kirschtomatenmischung rühren. Die Sauce mit **Salz** und **Pfeffer** abschmecken und abkühlen lassen.

Passt gut dazu: Gegrillte Zucchini, Paprika, Auberginen und Zwiebelspalten oder Halloumi-Käse.

… für die schönste Zeit des Jahres. Mit diesen Quick-and-easy-Saucen sind gesellige Grillabende auch für den Gastgeber Entspannung pur.

Zitronen-Aioli

Für 2 Portionen

100 g **Salatmayonnaise** und 50 g **Schmand** verrühren. 2–3 **Knoblauchzehen** schälen und dazupressen. ½ **Bio-Zitrone** heiß waschen, trocken reiben, die Schale abreiben und den Saft auspressen. Schale und 1 TL **Zitronensaft** unterrühren und 10 Min. ziehen lassen. Dann mit **Salz**, **Pfeffer** und Zitronensaft abschmecken.

Tipp: Für selbst gemachte Mayo 1 zimmerwarmes **Ei** (Größe M) mit 1 TL **Senf**, 100 ml **Öl**, 1 Spritzer **Zitronensaft** und etwas **Salz** und **Pfeffer** mit dem Pürierstab mixen, bis eine cremige Mayonnaise entsteht. Die Mayo mit Salz und Zitronensaft abschmecken.

Currysauce

Für 2 Portionen

100 g **Mango-Chutney** (Fertigprodukt) und 100 g **Crème fraîche** verrühren. Mit 2 TL **Currypulver**, 1 TL **Kurkumapulver**, 1 Prise **Cayennepfeffer** und 1 EL **Weißweinessig** würzen. Die Sauce mit **Salz** und **Pfeffer** abschmecken.

Tipp: Statt Mango-Chutney können Sie auch Aprikosenkonfitüre oder Pflaumenmus verwenden.

Passt gut dazu: Seitan- oder Tofuwürstchen

Süßes & Desserts

Sahne-Baiser-Becher

2 Portionen • Zubereitungszeit 15 Min.

Zutaten

200 g Sahne
2 EL Ahornsirup
60 g Mandelbaiser oder einfaches weißes Baisergebäck (Fertigprodukt)
150 g frische Erdbeeren (ersatzweise 100 g TK-Erdbeeren, aufgetaut)

1 Die Sahne mit 1 EL Ahornsirup in einen hohen Rührbecher geben und mit den Schneebesen des Handrührgeräts steif schlagen.

2 Das Baiser in einen Gefrierbeutel geben und mit einer Teigrolle oder den Handballen grob zerkleinern. Zwei Drittel der Baiserkrümel zur Sahne geben und unterheben.

3 Die Erdbeeren waschen und putzen, in einen hohen Rührbecher geben und mit einem Pürierstab fein pürieren. Das Erdbeerpüree mit dem restlichen Ahornsirup verrühren.

4 Das Erdbeerpüree in zwei Dessertgläser füllen und die Baisersahne darauf verteilen. Mit den restlichen Baiserkrümeln bestreut servieren.

Tipp:

Anstatt des Mandelbaisers einmal Knuspernüsse und Schokosauce unter die Sahne mischen.

Variante:

Baisersahne wie beschrieben zubereiten. In einem kleinen Topf 100 g Himbeeren mit 1 EL Ahornsirup oder Honig erhitzen, in Dessertgläser füllen. Die Baisersahne daraufgeben und die restlichen Baiserkrümel aufstreuen.

4 × schnelle Trifles …

mit Amarenakirschen und Ricotta

Für 2 Portionen

50 g **Löffelbiskuits** in einem **Gefrierbeutel** mit den Handballen grob zerkleinern. Die **Keksbrösel** in zwei Dessertschälchen oder -gläser füllen, mit je 2 EL **Orangensaft** und je 1 EL **Amarenakirschen** und -sirup (aus dem Glas) beträufeln. 125 g **Ricotta** mit 1 EL **Orangensaft**, 1 Pck. **Bourbon-Vanillezucker** und 2 EL **Zartbitter-Schokoladenraspeln** vermischen. Die Ricottacreme auf den Keksen und Kirschen verteilen. Die beiden Trifles mit je 1 EL **Zartbitter-Schokoladenraspeln** bestreuen.

mit Heidelbeeren und Pistazien

Für 2 Portionen

50 g **Löffelbiskuits** in einem **Gefrierbeutel** mit den Handballen grob zerkleinern. Die Keksbrösel in zwei Dessertschälchen oder -gläser füllen, mit je 2–3 EL **Orangensaft** beträufeln, je 2 EL aufgetaute **TK-Heidelbeeren** darauf verteilen. 125 g **Ricotta** mit 1–2 EL **Schmand** glatt rühren. 1 Pck. **Bourbon-Vanillezucker**, 1 TL abgeriebene **Bio-Orangenschale**, 2 EL **Haselnusskrokant** und 2 EL **Zartbitter-Schokoladenraspel** dazugeben, alles gut vermischen. Die Ricottacreme gleichmäßig auf den Heidelbeeren verteilen, glatt streichen. Die beiden Trifles mit je 1 EL gehackten **Pistazien** bestreuen.

... für den süßen Spaß zu zweit. Und steht das Trifle ein paar Stunden im Kühlschrank, ist es auch kein Problem, dann schmeckt's sogar noch besser.

mit Amarettini und Mango

Für 2 Portionen

50 g **Amarettini** (italienische Mandelkekse) in einem **Gefrierbeutel** mit den Handballen grob zerkleinern. Die **Keksbrösel** in zwei Dessertschälchen oder -gläser füllen. 3 **Espresso-Pralinen** (z. B. Pocket-Coffee) mit 6 EL **Orangensaft** (oder mit 4 EL **Orangensaft** und 2 EL **Orangenlikör**) in einer irdenen Schale grob zerkleinern, über den Keksen verteilen. 100 g **Mangospalten** (aus der Dose) grob hacken und ebenfalls auf den Keksen verteilen. 200 g Sahne mit 1 Pck. **Bourbon-Vanillezucker** steif schlagen, Die **Sahne** auf die Mangostücke geben. Die beiden Trifles mit je 1 TL **Kakaopulver** bestäuben.

mit Apfelmus und Zimtsahne

Für 2 Portionen

50 g **Amarettini** (italienische Mandelkekse) in einem **Gefrierbeutel** mit den Handballen grob zerkleinern. Die **Keksbrösel** in zwei Dessertschälchen oder -gläser füllen, mit je 2 EL **Orangensaft** beträufeln. Je 3 EL **Apfelmus** darauf verteilen und glatt streichen. 200 g **Sahne** mit 1–2 EL **Zucker** und 2–3 Prisen **Zimtpulver** steif schlagen. Die Zimtsahne auf dem Apfelmus verteilen, nach Belieben glatt streichen. Die beiden Trifles mit je 1 EL **Haselnusskrokant** bestreuen.

4 × schnelle süße Klassiker …

Panna cotta mit Mango

Für 2 Portionen

Für die **Panna cotta** 250 g Sahne, 1 Tütchen **Bourbon-Vanillezucker** und 20 g **Zucker** in einem Topf kochen, bis sich der Zucker gelöst hat, dann von der Herdplatte nehmen. Zusätzlich 50 g **Sahne** mit ½ TL **Agar-Agar-Pulver** glatt rühren und rasch unter die heiße Sahne rühren. Alles unter Rühren noch 1–2 Min. kochen, dann etwas abkühlen lassen. Sahnemischung durch ein Sieb gießen, hauchdünn abgeriebene Schale von ½ **Bio-Zitrone** unterrühren, in zwei Dessertgläser füllen und abkühlen lassen. Zugedeckt 20–30 Min. kühl stellen. Inzwischen 1 Stück **Mango** (etwa 100 g) schälen und das Fruchtfleisch würfeln. Mit je 1 TL **Zucker** und **Zitronensaft** verrühren, 10 Min. durchziehen lassen. Zum Servieren auf die Panna cotta geben.

Grießpudding

Für 2 Portionen

1 **Ei** (M) trennen, das Eiweiß zu steifem Schnee schlagen. Das Eigelb mit 50 g **Sahne**, 20 g **Zucker**, 1 Tütchen **Bourbon-Vanillezucker**, 1 Prise **Zimt** und 1 TL **Speisestärke** verrühren, bis sich der Zucker gelöst hat. 300 ml **Milch** in einem Topf erhitzen. Die Ei-Sahne-Mischung unterrühren, 30 g **Weichweizengrieß** einrieseln lassen und unter Rühren aufkochen. Von der Herdplatte nehmen und kurz abkühlen lassen. Den Eischnee unterheben, den Pudding auf zwei Schälchen verteilen und abkühlen lassen. Lauwarm oder kalt servieren.

Passt gut dazu: Zimtzucker und eine Fruchtsauce, z. B. Kirschgrütze (aus dem Kühlregal).

..., die zwar vielleicht noch etwas ruhen müssen, aber garantiert blitzschnell zubereitet sind und jedem Dessertliebhaber ganz easy den Tag versüßen.

Mascarpone-Wein-Creme

Für 2 Portionen

150 g **Mascarpone** mit 100 g cremigem **Joghurt** und 2–3 EL **Zucker** glatt rühren. 2–3 EL trockenen **Weißwein** (z. B. Riesling) unterrühren. Mit **Zimtpulver** und **Weißwein** abschmecken. 100 g **Weintrauben** waschen und von den Stielen zupfen. 4 **Cantuccini** (Fertigprodukt) in einen Gefrierbeutel geben und mit dem Nudelholz grob zerbröseln. Die Hälfte der Cantuccinibrösel auf zwei Weingläser verteilen und die Weincreme darüberschichten. Die Weintrauben hineingeben. Die restlichen Cantuccinibrösel darüberstreuen.

Herrencreme

Für 2 Portionen

50 ml **Milch** mit 20 g **Speisestärke** und 1 **Eigelb** verrühren. 200 ml **Milch** mit 30 g **Zucker** und 1 Tütchen **Bourbon-Vanillezucker** aufkochen. Von der Herdplatte ziehen und die Eigelbmischung einrühren. Unter Rühren noch einmal aufkochen, vom Herd nehmen, Frischhaltefolie direkt auf den Pudding legen und abkühlen lassen. 100 g **Sahne** steif schlagen, 50 g **Zartbitterschokolade** grob hacken. Schokolade, Sahne und 2 cl **Rum** unter den abgekühlten Pudding rühren. Die Herrencreme mit Rum abschmecken und nach Belieben mit **Schokoraspeln** garniert servieren.

Grießbrei mit Beeren

2 Portionen • Zubereitungszeit 20 Min.

Zutaten

150 g TK-Beerenmischung
1 TL Speisestärke
50 g Rohrohrzucker
50 g Weichweizengrieß
1 Pck. Bourbon-Vanillezucker
Zimtpulver
1 Prise Salz
400 ml Soja-, Hafer- oder Reismilch

1 Die gefrorenen Beeren in einem Topf mit der Stärke und 2 EL Rohrohrzucker mischen, erhitzen und unter Rühren bei schwacher Hitze 1 Min. sanft köcheln lassen. Den Topf vom Herd nehmen.

2 Grieß, restlichen Rohrohrzucker, Vanillezucker, 1 Prise Zimt, Salz und die Milch in einem zweiten Topf verrühren. Alles erhitzen und unter Rühren bei schwacher bis mittlerer Hitze in ca. 3 Min. zu einem leicht dicklichen Brei einkochen lassen. Den Grießbrei in zwei tiefe Teller oder Schälchen verteilen und 5 Min. abkühlen lassen.

3 Den Grießbrei mit wenig Zimtpulver bestäuben. Die Beeren auf dem Brei anrichten und alles noch warm servieren.

Tipp:

Der Grießbrei und die Beerenmischung schmecken süß, weil sie als Dessert gedacht sind. Wer das Ganze als Frühstück genießen möchte, kann den Zuckeranteil reduzieren.

in

4 × Quark & Co. fix verrührt …

Bananenquark mit Erdnusskaramell

Für 2 Portionen

1 ½ **Bananen** schälen. ¼ **Banane** beiseitelegen, den Rest in dicke Scheiben schneiden und mit ½ EL **Zitronensaft** mit dem Pürierstab fein pürieren. 250 g **Quark** (20 % Fett i. Tr.) mit Bananenpüree und 1 EL **Zucker** verrühren und auf zwei Schüsselchen, Tassen oder Dessertgläser verteilen. Das übrige **Bananenstück** in dünne Scheiben schneiden. 20 g Zucker bei mittlerer Hitze in einem Topf karamellisieren lassen. 25 g **Sahne** angießen und rühren, bis ein glattes Karamell entstanden ist. Bananenscheiben und 25 g gesalzene **Erdnusskerne** dazugeben und 2 Min. karamellisieren lassen. Das Bananen-Erdnuss-Karamell gleichmäßig auf dem Quark verteilen und die Desserts servieren.

Smoothie-Quark mit Granola

Für 2 Portionen

½ EL **Öl** in einer Pfanne erhitzen, 40 g **Müslimischung** (ohne Früchte) darin bei mittlerer Hitze leicht anrösten. 1 EL **Zucker** und ½ EL **Honig** dazugeben und das Müsli unter Rühren hellbraun karamellisieren lassen. Dann auf einem mit Backpapier ausgelegten Teller verteilen und abkühlen lassen. 250 g **Quark** (20 % Fett i. Tr.) mit 125 ml gelbem **Frucht-Smoothie** (z. B. Mango-Maracuja) und 1 EL **Zucker** verrühren und auf zwei Schüsselchen, Tassen oder Dessertgläser verteilen. 100 g gemischtes **Beerenobst** (z. B. kernlose Weintrauben, Physalis und Heidelbeeren) waschen, putzen und auf dem Quark verteilen. Zuletzt das Knuspermüsli aufstreuen.

... und sofort einsatzbereit. So sind diese raffinierten Jeden-Tag-Desserts die Rettung, wenn der schnelle Süßhunger zuschlägt.

Stracciatellamisu

Für 2 Portionen

50 ml frisch gebrühten **Kaffee** abkühlen lassen (ersatzweise dunklen, nur leicht gesüßten **Kakao** zubereiten). 25 g **Butterkekse** zerbröseln. Von 3 **Schokoküssen** die Waffeln ablösen. Den Schaum der Küsse mit 75 g **Sahnejoghurt** verrühren. 125 g **Kirschgrütze** (aus dem Kühlregal) auf zwei Schüsselchen, Tassen oder Dessertgläser verteilen. Die **Butterkeksbrösel** daraufgeben und mit dem Kaffee beträufeln, dann mit der Joghurtcreme bedecken. Die Desserts sofort servieren oder zugedeckt einige Stunden oder über Nacht kalt stellen. So oder so: Direkt vor dem Servieren die Creme jeweils großzügig mit **Kakaopulver** (insgesamt 15 g) bestäuben und die Desserts mit 1 **Waffel** dekorieren.

Himbeer-Baiser-Becher

Für 2 Portionen

1 **Bio-Limette** heiß waschen und abtrocknen, die Schale abreiben und den Saft auspressen. 125 g **Himbeeren** vorsichtig waschen, trocken tupfen. 40 g **Baisertropfen** grob zerbröseln und mit 250 g Joghurt (3,8 % Fett), 1 ½ EL Limettensaft und 100 g **Himbeeren** verrühren. Die Mischung auf zwei Schüsselchen, Tassen oder Dessertgläser verteilen. 2 **Minzeblättchen** abbrausen und trocken tupfen. Mit Limettenschale, 2 EL **Kokosraspeln** und 1 EL **Zucker** im Blitzhacker gründlich durchmixen. Die Desserts sofort servieren oder zugedeckt einige Stunden oder über Nacht kalt stellen. So oder so: Direkt vor dem Servieren den restlichen Limettensaft über den Himbeerjoghurt träufeln, den Minze-Kokos-Mix darüberstreuen und alles mit den restlichen Himbeeren garnieren.

Register aller Rezepte

Impressum

Holiday ist eine eingetragene Marke
der GANSKE VERLAGSGRUPPE.

1. Auflage 2019
ISBN: 978-3-8342-3064-5

GRÄFE UND UNZER VERLAG
Postfach 86 03 66
81630 München
Tel. +49 89/41 98 19 00
holiday@graefe-und-unzer.de
www.holiday-reisebuecher.de

GRÄFE UND UNZER

Ein Unternehmen der
GANSKE VERLAGSGRUPPE

Art Director Cover: Independent Medien-Design, Horst Moser, Svenja Wamser

Layout, Satz, Redaktion, Bildredaktion: bookwise GmbH, München

Produktion: bookwise GmbH, München

Printed in Slovakia

Autoren: Martin Kintrup, Cornelia Trischberger, Sonja Stötzel, Nele und Jalil Landero, Marianne Zimmer, Eva Stadler, Martina Krammer

Bildnachweis:
Cover: Vorderseite: mauritius images/Westend61 RF/Jo Kirchherr; Rückseite (von links nach rechts): Coco Lang, Michael Wissing (3 x);
Vordere Umschlagklappe außen: Shutterstock/insemar;
Vordere Umschlagklappe innen: links: Fotolia/Iuliia Metkalova, rechts: Fotolia/uthymia;
Hintere Umschlagklappe außen: Fotolia/goodluz;
Hintere Umschlagklappe innen: freepik, Illus: Shutterstock/insemar, freepik (Nudel)
Innen: Coco Lang: 20 (2x), 21 (2x), 22 (2x), 23 (2x), 25, 27, 39, 40 (2x), 41 (2x), 43, 45, 84 (2x), 85 (2x), 92 (2x), 93 (2x), 94 (2x), 97, 99, 155 (2x), 156 (2x), 157 (2x); Eva Stadler: 11, 13; Fotolia: 6 (DoraZett), 6 (Mary H. Swift), 7 (Morgan Schulte), 8 (Pawel Opaska), 9 (Diana_Drubig), 9 (gradt), 13 (Boris Zerwann), 14 (vectorfusionart), 15 (elialady); Franz Sußbauer: 11, 12; freepik: 8, 9, 11, 17, 147; Klaus Maria-Einwanger: 67, 68, 69, 70, 71, 121, 122, 123, 125, 126, 127, 128, 129, 131, 132, 133, 135, 136, 137, 139; Martina Krammer: 10, 12; Michael Wissing: 29, 30 (2x), 31 (2x), 32 (2x), 33 (2x), 34 (2x), 35 (2x), 47, 48 (2x), 49 (2x), 51, 53, 55, 56 (2x), 57 (2x), 58 (2x), 59 (2x), 61, 63, 73, 74 (2x), 75 (2x), 77, 79, 80 (2x), 81, 83, 89, 90 (2x), 91 (2x), 101, 103, 106 (2x), 107 (2x), 109, 111, 113, 114 (2x), 115 (2x), 141, 143, 144 (2x), 145 (2x), 149, 150 (2x), 151 (2x), 152 (2x), 153 (2x); Shutterstock: 4, 6, 8, 10, 12, 14, 16, 19, 24, 37, 119 (insemar), 11 (Alexander Marushin), 13 (Jeffrey B. Banke), 19 (View Apart), 37, 64, 119 (DisobeyArt), 86 (Rawpixel.com), 146 (wavebreakmedia)